黒川伊保子
Ihoko Kurokawa

子育てのトリセツ

母であることに、
ときどき疲れるあなたへ

ポプラ新書
271

2025年の、はじめに

この本は、2017年に発刊した『母脳 ~母と子のための脳科学』をもとに新書化したものです。『母脳』は、当時、息子と一緒に暮らし始めたおよめちゃんに贈るために書いたものでした。およめちゃんが、早くママになりたいと望んでいたから。

母になることは、人生の大冒険です。私たちは、過酷な道のりを休むことなく歩き続けなければなりません。それはもう、いのちがけの大事業。けれど、母になることはまた、人生を輝かせ、思い出という甘い蜜をくれます。私は、2歳の息子が、満面の笑みで私に飛びついて、吸い付くように抱きついてきたその感触を思い出すだけで、30年以上経った今でも幸せになれる。あるとき、夢枕に神様が立ち、ノーベル賞をやる代わりに子育ての思い出をなかったことにする、と言われたときなんか、「絶対にやめてーっ」と絶叫したもの。なのに、なぜかしら、実際に2歳の息子を抱きとめた30代の私は、「早く、ご飯を食べさせて、お風呂に入れなきゃ」と焦っていました。

母と子の間には、たしかに、甘い甘い蜜のような時間がある。けれど、多くの母たちが、それをちゃんと味わうのは思い出になってから、というのが現実なのではないでしょうか。およめちゃんには、もうちょっと現役のうちに、母と子の時間を楽しんでほしいと思いました。

母と子の脳はつながっています（本文を読んでくれればわかりますが、たとえ血のつながっていない母子でも）。母は、細胞レベルで、子どものことを誰よりも知っているのです。だから、誰がなんと言っても、自分が「これがいい」「これでいい」と思ったことを貫けばいい。脳が同調している以上、母がしあわせなら、子もしあわせ。だから、母は自分のしあわせを追求していい。——人に何か言われて落ち込んだとき、育児に疲れて途方に暮れたとき、およめちゃんにそのことを思い出してほしくて、2017年の『母脳』を書いたのです。

あれから8年が経ち、およめちゃんは、人生を謳歌する素敵なママになりました。『母脳』の在庫も切れ、昨年、私の手元にあった最後の一冊を友人に譲りました。およめちゃんも暗記するほど読んでくれたし、もうお役御免よね、と、本の表紙を撫でながら、封筒に入れました。そんな矢先、熱いリクエストをいただき、新書化する運びになりました。それがこの本です。

今、この瞬間も、母というスペクタクル大ロマンの真っただ中にいて、焦りと疲労に流されそうになっているママが、きっと世界中にたくさんいるはず。世間のダメ出しに落ち込んだり、子どもがあまりにも思い通りにならなくて母親失格だと思い込んで泣いているママも。

そんなママたちのことを思うと、今すぐ駆けつけてあげたい。抱きしめて、こう言ってあげたい。――世間の言うことなんか、何も気にしなくていい。あなたが世界の中心なの。母は、どんなヒーローよりも英雄で、どんな偉人よりも偉い。あなたが思ったようにしていいんだよ。子どもはなかなか手ごわいけれど、その対処は、母の気の向くままでいい。子どもの言いなりになってもいいし、腕ずくで母の思い通りにしてもいい。世間を気にして、「正しい行動をとらなきゃ」と思い込むから、つらくなる。なかなかご飯を食べてくれない、眠ってくれない2歳児と、真夜中に布団の中でじゃがりこ食べちゃっても、何も後ろめたくないんだから。幼い子どもの脳は柔軟で、ちょっとさぼったくらいでダメになんかならない。

駆けつけて抱きしめて「大丈夫、大丈夫」って言ってあげたい——そんな思いで、２０１７年の『母脳』を書いたし、２０２５年、その思いをさらに強くして、少し筆を加えました。

私はこの本の中にアドバイスも入れたけど、「そうできたら、いろいろ楽になるからやってみて」のつもりだから、どうか気を楽にして読んでね。私のアドバイスが、新たなストレスにならないように。どんなにサボったって、幼子を育てる現場は、命の現場。母たちの道は、本当に過酷で輝かしい、英雄の道だもの。

その母たちの〝英雄の道〟に、寄り添えますように、心を込めて。

黒川伊保子

2025年
コラム

1

たった一言で、「ダメな母親」から「頑張ってるお母さん」に昇格する方法

あるとき、仕事先で会った女性から、こんな質問を受けた。

「3歳の息子が発熱して、病院に行った帰りに薬局に寄ったときのことです。子どもの調剤は時間がかかるので、いつもならいったん家に帰って出直すんですけど、その日は、午後から重要な会議で、できるだけ早く夫と入れ替わる必要があった。なので、そのまま待ってました。

そうしたら、熱が高くてだるいのか、息子が抱きついてきたんです。靴がシートに当たらないように気をつけながら抱きあげて、背中をさすっていたら、離れて座っていた70代くらいの女性が『靴、履いたまま！』と吐き捨てるように言いました。

たしかに、公共のシートに土足で上がるのはマナー違反ですので『すみません』と謝りましたが、情けない気持ちになって、そのもやもやが何週間たっても消えません。こちら

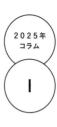

はシートに当たらないよう気を遣っていたし、周囲にも人がいなかった。なにより、高熱の息子に肩身の狭い思いをさせたのが悲しくて。この気持ち、どうしたら、吹っ切れますか」

そのことばを聞いていて、私も悲しくなってしまった。なぜだろう、私たち母親は、子どもに関することで、世間から言われたことばに、本当に深く傷つく。仕事で何か言われても防御できるのに、「母親失格」と聞こえる一言は深い傷になって、30年経ってもうずくことがある。きっと、子どもに向かって、心の一番柔らかい部分を開放しているからじゃないかなぁ。システム論的に言えば、「子どもの微細な変化も感知するために、脳が認知の精度を上げている」から、ということだけど。

言う側は、正論を突き付けているから、何ら悪気はないのだろうけど、子育てなんていつも限界ぎりぎり、正論はわかってるけど、そうもしてられないことが山ほどあるので、現役の母たちは、「わかっちゃいる」だけに、本当に情けなく、がっくり疲れてしまうのである。

さて、この質問に対する答えだが、「ありがとうございます」と感謝しちゃえばいいのである。「ありがとうございます」と言って、靴裏を手やハンカチでカバーするふりをすればいい。「気づいてくださって、ありがとうございます」「事故を未然に防いでくださって、ありがとうございます」の意だ。

そうすれば、互いの意識の中で、「靴のまま椅子に上がらせる、ダメな母親」から「いつもはちゃんとしてるけど、今はいっぱいいっぱいでできなかった、忙しいのに頑張ってるお母さん」に昇格する。子どもも委縮しないで済む。まぁ、もちろん、相手のお高そうなお召し物に靴が当たったことを指摘されたら、謝るしかないけどね。

世間はもちろん、実家の両親、舅姑のダメ出しにも、同じ手を使える。

〝敵〟が、昭和な子育て論を振りかざして、余計なお世話をしてきたときも、イラっとしてムカついたら、笑顔で「ありがとう、勉強になる」「ありがとう、参考になる」と返しちゃおう。「勉強になる」「参考になる」は、「あなたの言う通りにします」とは言ってないので、たとえ、言われたとおりにしなくても何ら罪はない。言ったほうも、いったん受け止めてくれたら、「やっぱり、今の子育ての主流に従って、こっちにするね」と反論されても、意外にすんなり受け入れられる。

日本人は、「ありがとう」と言えばいいところを「すみません」と言う癖がある。親切にしてもらったときも「すみません」と言う人が多い。「見ず知らずの人に、お手を煩わせてすみません」という謙虚な気持ちは美しいけれど、そんなふうにして生きていると、意識の真ん中に「世間の手を煩わすなんて、私ってダメ人間」という核のようなものができてしまうような気がする。そうしたら、大事なときに、人前で委縮したり緊張したりしてしまわない？　挙げ句、他人が「人様を煩わす行為」をしたら、自分が自制している反動で、憤りを感じたりイライラしたりもするのではないだろうか。「すみません」で暮らしていると、世間が生きづらく、厳しいところに感じてくるはず。だから私は、謙虚すぎる人がいつも心配になる。世間は温かいもの、助け合うもの、そう思っていたら、世間は生きやすくなるのに。

とはいえ、反射的に「すみません」を言ってしまう人は、「ありがとう」なんて最初は言いにくいでしょう? 子どものため、と思ってみてはどうかしら。12歳までの感性記憶は、大人になっても「とっさの気分」の核になりがち。母親が「すみません」と謝って暗い顔になると、幼い子どもの脳には「世間は冷たく、攻撃してくる場所」だと書き込まれてしまう。母親が笑顔で「ありがとうございます」と言うと、世間への信頼が感性記憶の核になる。たとえ理不尽な目に遭っても「世間とは元来温かいもの」という核がある人と、たとえ親切にされても「世間は元来厳しいもの」という核がある人では、ずいぶん生きやすさが違うような気がする。

子どものために勇気をもって、「すみません」を「ありがとうございます」に換えてみよう。笑顔も添えて。子のためには、母は勇敢なヒーローでなければならない。

子育て中の短縮業務で中座するときも、申し訳なさそうに「すみません」と言いつつ席を立つ人は多いけれど、これも「ありがとうございます」に換えない?

申し訳なさそうにしないとムッとする人がいるから、そうせざるをえないという働くママも多いけれど、「お先に帰ります。（いつも支えてくれて）ありがとうございます」なら、言われたほうもそんなに悪い気はしないのでは？
悪いこともしていないのに謝っていると、なんだか情けない気持ちになって、仕事も子育ても楽しめなくなってしまう。それでは、モチベーションも自己肯定感も下がって、あまりにも勿体ないので、私が上司なら、こういう「すみません」は禁止したいくらいだ。とはいえ、職種によっては、やはり残ったメンバーにしわ寄せが行くこともあるはず。それなのに、何も言わずに、まるで定時退社のように帰られた日には、今度は周囲がイラついてモチベーションが下がるので、そこは「ありがとう」でカバーしよう。

実は私自身は、産後の職場復帰に当たって「１９９１年生まれの私の息子が、21世紀にどれだけ電子機器使うと思います？　将来のユーザを産んどきましたから～」と宣言し、先に席を立つときは、「未来ユーザ様、お迎えに行ってきまーす」とか言っていた。まったく悪びれた気持ちにならなかった。まぁ、あきれていた人もいただろうけど、結局は許してもらっていた。

これには時代背景もある。当時は育児休業制度がやっと始まったころで、私は、自分の部署で初の取得者になったが、結局2か月しか取らなかった。育児休業制度は始まったものの、それを支えるあらゆる体制がまだ整っていなかったからだ。そして、上司はすべて男女雇用機会均等法以前世代で、育児はすべて妻任せの男性上司か、育児休業なんか取らず、会社に迷惑を一切かけずに子育てしている超優秀な女性上司しかいなかった。そんな中で、育児に時間を割くためには、「悪びれずに駆け抜ける」しかなかったのである。

今は、子育て制度が整っている中、「子持ち優遇」にイラっとする同僚もいるだろうから、私のようなセリフを言っている場合じゃないのかも。21世紀には21世紀の、ママたちの悩みがあるよね。

ただ、いつの時代も変わらないのは、育児は、母親が情けない気持ちでしてはいけないのだということ。母親の気分は、子どもの気分だから。子どもたちに、情けない気持ちで、この星を知ってほしくない。

私自身は、後輩の女性社員のためにあえてそうした部分もある。私が、子育てに時間を割くことに悪びれていたら、後輩たちが子どもを産みにくくなるから。人は「誰かのため」

という動機があったほうが強いのである。さすがの私も、自分自身のためだけだったら、そんな口は利けなかったかも。
子どもの脳に「世間は温かい」という核を作るため、職場の後輩の道を拓くため、勇気を出して「ありがとう」――なんか、アンパンマンの歌みたい(苦笑)。実はこれ、私の止められない性質で、あきれるほどお節介なのである。満員電車の扉が閉まったときとか、「みんな、ちゃんと乗れた? 奥の人もっとつめてあげて。あなた挟まれてない?」みたいに声を出したくなっちゃうのを必死にこらえてる。まぁ、そんなわけで、こんな本を書いてるわけ。

ちなみに、相手が明らかに腹を立てて「うるさい」のようなクレームをつけてきたとき(子どもがちょっとはしゃいで叱られた、ようなとき)は、「ありがとう」が使えない。そんなときでも、自分と子どもの自尊心を傷つけない謝り方がある。「お気に障りましたか……すみません」と、相手の気持ちにだけ謝るのである。私は、少し大げさに、「まぁ」をつけて「まぁ、お気に障りましたか……すみません」にするけど、そこまでは、かなり図々しくないと言えないかな。

　自分たちの行動を反省するためじゃなく、相手の気に障ったことにだけ謝る。生まれて初めて乗った実物の山手線だもの、そりゃ声くらい出るだろうよ、人生初の感動に、周りの大人たちも、少しは付き合ってくれていいんじゃない？――と思うようなシーンでも、ムカついて攻撃してくる人はいる。そんなとき、我が子の感動を守るために、私は〝ややにこやかに、しかしながら、すまなそうに「お気に障りましたか、すみません」を言う〟という技を開発したのだ。すると不思議不思議、相手の尖った感情が「まぁ、子どもって、そういうものだしね」みたいに、ふにゃりと折れるのである。まぁ、お試しあれ。

2017年の、はじめに

息子の1歳児健診のときのショックを、私は、25年経った今でも忘れられない。「卒乳はまだです」と言った私を、小児科医が、まるで犯罪者を見るような目で見たのである。

1992年当時の日本では、「卒乳は1歳までに済ませる」というのが常識だった。にしても、あの雰囲気は異常だった。「この後、別室で、卒乳のための特別指導を受けていただきます」と、小児科医は、なぜか声をひそめるようにして言う。

私は科学的根拠があって、卒乳は「自然に」と決めていた。なので、「大丈夫です。まだ卒乳は考えていませんから」と言ったら、中年の男性小児科医は、表情を硬くして「だらしなくおっぱいを続けていると、犯罪者になりますよ」とぴしゃりと言ったのである。

はぁ？　私自身は2歳まで母のおっぱいを飲んでいたが、犯罪者にはなっていないし、比較的感情的にならないタイプなので、今後も衝動的な犯罪にはあまり縁がないと思う。なぜ、こんなことを言われなければならないのか、理解に苦しんだ。

1983年、私は大学を卒業して、コンピュータ・メーカーに就職し、人工知能（AI）の研究開発部門に配属された。今や産業界の花形となったAIだが、当時は、基礎研究が始まったばかり。私は、人工知能の創成期を駆け抜けてきた、草分けのAIエンジニアなのである。

1991年4月、全国の原子力発電所で稼働した「世界初の日本語対話型コンピュータ」は私が作った。脚光を浴びたが、「世界初」は大袈裟。日本以外のどこの国が日本語対応型を欲しがるのかしら。単なる日本初にすぎない。とはいえ、快挙ではある。

この時代は、バブル経済まっただ中で、研究費がふんだんに使えた。就職してから8年あまり、私は、豊富な予算の中で、最先端の脳の知見に触れてきたのだった。本当によく学び、よく働いた。幸運だったと思う。

「世界初と言われた日本初」から4か月後、私は、一人の男の子を授かった。

鈴虫の鳴く夕暮れ時、彼をかいなに抱いていた私は、ふと「今、赤ちゃんを抱いている日本中のお母さんの中で、私が一番、脳に詳しいんじゃないだろうか」と思いついた。そこで、野望に燃えたのである。――この子を天才脳に育てよう！

アインシュタイン、レオナルド・ダ・ヴィンチ、モーツァルト……世に天才と言われた人たちを研究し、天才脳の感性傾向を探りだし、その感性傾向を息子の脳に担保すべく、育児の戦略を練る。人工知能の開発でやっていることを、そのまま育児に導入したのだった。

加えて、人工知能を作り育てている私には、ヒトの脳があまりにも素晴らしく感じられて、子育ては面白くてしかたがなかった。息子が初めて「いたずら」をしたときには狂喜乱舞したくらいで（自発的にいたずらをする人工知能が創れたらノーベル賞ものである）、彼のことをつぶさに観察してもいた。

当然、「おっぱい」についても、無思慮ではいられない。育児書には「卒乳は1歳までに済ませる」と書いてあったけれど、科学的根拠はどこにも書かれていなかったので、鵜呑《うの》みにはできなかった。脳にいいのは、いったい、いつまでなの？

何冊かの専門書を読んだり、論文を検索してみたりもした。私が特に感銘を受けたのは、山本高治郎先生の岩波新書『母乳』だった。そうして得た私の結論は、「母親が嫌になるか、子どもが飽きるか、そのどちらかまで、自然体で母乳を与えよう」というものだった。

結局、息子は4歳すぎまでおっぱいを飲んでいた。ユニセフによれば、世界の授乳期間の平均は4・2年というから、まさに世界平均である。

生後2か月で職場復帰した後は、彼が1歳になるまで、自宅と職場を一日二往復した。息子が、母乳以外、一切口にせず(ミルクはもとより、搾った母乳も、水さえも飲まなかったという)、面倒を見てくれていた黒川の母が「気がおかしくなりそう」と音を上げたので、半分母のため、半分息子のために。

自宅は浅草橋、職場は武蔵小杉である。片道約50分。昼休みに授乳時間(出産後1年以内の女性社員に一日1時間がゆるされていた)を合わせると、たった10分だけ自宅にいられた。母は、10分のために帰ってくる嫁のために、欠かさず美味しいお昼を用意してくれていた。

産後の身体で、バブル期のエンジニアに復帰し、1年近く一日二回の出勤を重ねるのは、容易なことではなかった。母の支援が頼りの、ぎりぎりの母乳育児である。

――そのあげくに、こわばった顔で、「あなたの子は、犯罪者になる」と告げられたのだ。

私は、ショックのあまり、反論することもできず、「別室の特別指導」なるものを受けた。栄養士もまた、にこりともせずに、「からしや赤チンを塗ってでも、即刻、おっぱいをやめさせなさい」と突き放した。

息子の魂のよりどころ、この世の信頼の源に、からしですって？　彼はきっと、人生を信じられなくなる。こんなたわごとを、他のお母さんにも言っているのかと思ったら、許せなかった。私は怒りに震えた。

その根拠を調べたら、アメリカの調査結果によるものだった。アメリカのある刑務所で、性犯罪受刑者の授乳期間を調査したら、人工栄養で育った者がトップを占め、次いで「1年以上の母乳摂取」。「1年未満の母乳摂取」が最も比率が低かったため、「卒乳は1年未満」が望ましい、ということになったらしい。

ばかばかしい、と、私は吐き捨てるように言った（ひとりごとだったけどね）。そもそも、犯罪者の母親たちに電話して、「おたくの犯罪者のジェイムスくんは、何歳何か月までおっぱいを飲んでいましたか」なんて素っ頓狂な質問をして、その回答が信頼できるのだろうか。何の冗談？　と思って、母子手帳を調べることなく、テキトーに答えてしまうのが関の山じゃないだろうか。

百歩譲って、そのアンケート結果が正しかったとしても、「1年以上の母乳摂取」をした子は、おそらく「自分の好きなことに固執し追求するタイプ」であって、たまさか犯罪者になる者もいるかもしれないが、学者になる者もこのグループに多いはずだ。山本先生の『母乳』の中にも、母乳学会の博士たちには小学校に入るまでおっぱいを飲んでいたつわものが少なくないとあったと記憶している。まぁ、それだから、母乳研究に走ったのかもしれないけど(微笑)。

こうして、産後で気持ちの弱っている母たちを、「育児の掟」が追いつめる。

専門家だけじゃない。ママ友も、あれこれ詮索してきて、流行に乗らない母親をつつきまわす。育児の戦略を科学的に進めている私でさえ、心が凍るようなショックを受けたのだ。他のお母さんなら、反論も抵抗もできないだろう。

その十数年後、この国には今度は「母乳礼賛」の嵐が吹いた。母親の栄養状態に無頓着に、「母乳以外のものを与えるとアトピーになる」とか脅すので、私の知人は、〝最低1年は母乳のみ、2年間は食事と併用するも、ちゃんと母乳を飲ませる〟にこだわって、子どもを栄養失調にしてしまった。母乳は母親の体調に依存する。知人は、徹底した菜食主義者で、それもあったと思う。食欲も消化力もあって偏食がなく、料理の手間も惜しまないママだったら、母乳だけで1歳半もあり得ると思うけど、どうしたって、ないものは出せない。「おっぱい」は、母と子のものである。人にとやかく言われる筋合いはない。栄養たっぷりの母乳が出せるお母さんで、子どもが満足しているのなら、好きなだけ続ければいい。子どもの満足感が薄れてきて、食べ物に興味を示したら、自然に離乳食を併用すればいい。ただそれだけの話が、なぜ、こんなにややこしくなっちゃうんだろう。

英語教育もそう。

少し前は、「赤ちゃんから始めないと間に合わない」と言われて、ママたちが焦りまくっていたが、今になって、「外国語の早期教育を受けた子は、そうでない子に比べて理系の成績が良くない傾向にある」と言われたりもしている。

実は、日本語は、科学技術に強い脳を作る構造をもつ言語で、私は息子を理系の天才に育てるつもりだったので、外国語教育はいっさいせず、徹底して日本語を使わせて、日本語脳に育てた。

しかし、すべての人が理系の天才になる必要もなく、バイリンガルにはバイリンガルの生きやすさがある。また、脳には個人差があるので、外国語の早期教育を施されながらも理系の天才になる子もいる。脳科学的には、結局どちらでも、どれでもいいのである。

言語も、母と子のものである。母親のお腹の中にいるとき、母親がことばをしゃべるときの筋肉の動きやバイタルの変化で、子の脳は、最初にことばの存在を知る。母から子へ、口移しどころか〝身体移し〟で、ことばは受け継がれる。

その母の脳が、早期の外国語教育を欲するのならば、施せばいい。違和感があるのなら、止めればいい。どちらの選択も、子の脳にとって最良の選択である。

人にとやかく言われたことなんて、気にしなくていい。

脳科学で、育児の戦略を立ててみると、世間がつきつけてくる「育児の掟」は、一つの模範ではあるけれど、絶対ではないことに気づく。母親には、意外に選択の余地があるのである。母親は、自分にできることと、したくないことを見極めて、自分らしい子育てをすればいい。

脳は、何かの才能を得ると、一方で、何かの可能性を失う。そもそもゼロリスクの子育てはないのである。

だとしたら、「他人に強要されてする」ことよりも、「母と子がやりたくてやる」ことをした方がずっといい。後者の方が、きっと、その子の脳に合っているに違いないから。

脳科学で、育児の戦略を立てる。母の脳が、子にとって、最高のアシスト装置だと、信じきって。それが、私の子育てだった。世間の言うことは、素直に耳に入れたが、鵜呑みにしたことは一つもない。私の〝母脳〟が納得したことだけを導入した。

私の子育てが成功したかどうかは、まだわからない。26歳の彼を、私自身は、最高の息子だと思っているけれど、本当の成功は、彼自身が幸福な壮年期を迎えるかどうかだから。ただ、しあわせな子育てだったことだけは間違いがない。この本には、私の子育ての秘訣を全部書こうと思う。

当然、この本だって、私以外の母脳にとっては、参考の一つに過ぎないが、母として子に何を選ぼうかと迷ったときの指針になると自負している。だって、何かに迷ったときの私が、そのときの知見を集めて参考にした結果なのだもの。

子育ては、母のもの。

母脳は、特別。

私のしあわせな子育てのふりかえりの旅に、ご案内しましょう。

さぁ、ご一緒に。

目次

装丁　都井美穂子

装画・挿画　Noritake

I

母であることの「特別」を知る

私たちは、選ばれて母になった。
「子は、親を選べない」というのは、脳科学上、嘘である。
子は、母を選んで生まれてくる。少なくとも、母親だけは。
この章では、母であることの特別さについて語ろうと思う。

「自然の母」じゃなくても

ただし、子どもができにくかった方や、なさぬ仲の子を育てていらっしゃる方が、この章を読んで傷ついてほしくない。

女性脳には、子を持って成熟する脳と、子を持たずに成熟する脳がある。この二つは、異なるホルモンにさらされて、神経信号の特性を異にして行くので、まったく別の道を行く。「子を持たない女性脳」は、「子を持つ女性脳の未完成形」では、けっしてないのである。

子を持たずに成熟する女性脳は、その母性を、あまねく社会に照射する。この、偏りのない公平な母性は、社会組織には不可欠なもので、自然の摂理として「子を持たずに成熟した女性脳」は一定数存在しなければならない。実際、昔から、宗教組織では巫女や尼、シスターなど「子を持たずに成熟する女性脳」を保持してきた。

だから、私は思うのだ。子どもができないということは、自然界の神さまに選ばれたのだろうと。

しかし、21世紀の人類には、自然界の采配のバランスを、ほんの少し変えられる英知がある。そうして、人工的な努力の果てに授かった子であっても、これから述べる、胎内で子どもたちが感じる「母を選んだ」という確信には、自然妊娠と何ら変わりはない。

脳の縁は、血にせまる

さらに、脳科学の仮説から言えば、血のつながらない親子であっても、母になった人と子の二つの脳の脳波が同調して呼び合った可能性が否定できない。

以心伝心が起こる際、遠隔地にある二つの脳の脳波が同調することが確認されている。脳はさまざまな奇跡を起こす。縁あって母と子となる二人の間に、互いを呼び合うくらいの奇跡が起こっていないわけがないと、私は確信する。

私たち夫婦は、息子が生まれたとき、フィリピンの男の子のフォスターペアレントになった。フォスタープランは、外食を一回我慢するくらいの月額で、貧困地帯の子どもが学校に通うことを支援できる養い親制度で、特定の子の小学校入学からハイスクール卒業までの12年間をカバーする。

これに申し込んだ理由は、怖かったからだ。夫と私のそれぞれの実家にとって初孫になった私の息子には、降り注ぐほどの愛と物資が与えられた。けれど一方で、この星には、貧困にあえぐ子どもたちがいる。私には、それが、悲しいというより怖かった。ほんの少し何かが違っていたら、この息子の魂がそこに生まれたかもしれないと感じたからだ。息子と、小学校にも満足に通えない貧困地帯の子どもたちには、紙一枚の差しかない。あのとき、その「僅差《きんさ》」が怖くて怖くてたまらなかった。何かせずにはいられなかったのだ。

申込用紙は、フォスターチャイルドになる子の、性別や居住地などを選べるようになっていた。たとえば、「アフリカの女の子を支援する」というように。

けれど、私たちは、ノーチェックで提出した。たとえ、わずかな支援でも、これは親子の縁である。神が与えてくれる縁に従おう、と。

そうしたら、私たちのフォスターチャイルドになったJojoは、私たちが結婚式を挙げた、ちょうどその日に生まれていた。しかも、新婚旅行で行ったフィリピンのリゾートの、すぐ近くの島に住む少年だったのである。あの日、ハネムーンを過ごしたあの海のすぐ近くで、生まれたてのJojoが元気に泣いていたのかと思うと、今でも胸がいっぱいになる。

フォスターペアレントとフォスターチャイルドは、施策上、そんなに緊密な関係になるわけじゃない。支援や手紙は、すべて協会を通じてやりとりされ、彼の名前や家族構成以外の個人情報を、私たちが入手することはない。彼が無事に高校を卒業し、バナナ農家の父親を手伝うようになったという協会からの報告と、本人自筆の感謝の手紙を受け取り、それを祝福するカードを送ったのを最後に、私たちはフォスターペアレントを卒業した。

そんな淡い関係でも、縁はやっぱり存在する。世界中に貧困地帯があるのに、私たちが結婚したその日に生まれた、新婚旅行で行ったリゾートの向かいの島の男の子が選ばれてくるなんて、確率論からすれば、奇跡にあたろう。

そういえば、そのリゾートのホテルの浜に、8歳くらいにしか見えない少年が、4歳ほどの弟を連れてバナナを売りに来ていた。小舟を操って、銃を抱えた警備員の監視をかいくぐり、たくましく交渉して、バナナを売って帰った。私は彼をかわいそうだとは思わなかった。家族を支える責任感と自信で輝いていたからだ。けれど、過酷な人生だなぁとは思った。私の脳の中にある、そんなイメージが、数年後、何らかのかたちでフィリピンのバナナ農園の少年への道を開いたのだと、私は思っている。

脳が持つ、無意識の力。遠隔地の脳が、同調する力。祈りや念に通じる、そんな神秘の力が科学的に証明されるのは、きっとまだ先の話だが、脳にそんな力があること自体は、長く生きればわかってくる。

母になるということは、人生の神秘に触れるということだ。血がつながっていてもいなくても、子と出逢い、子とより添うことで、私たちはいくつもの奇跡に出会い、人生の真実を知る。

こんなエンターテインメント、他にあるかしら。

胎内記憶が教えてくれること

さて。ましてや、「お腹に宿る縁」である。そのはじめ、母の脳は、やがて子になる者の脳と強く同調したに違いない。

息子が、2歳のころ。

彼は、胎内記憶を語ってくれた。

ちなみに、今から2歳の息子のセリフをお話しするけれど、「うちの子、こんなふうにはしゃべれない。大丈夫なの？」と心配するママのために先に言っとくね。うちの息子は異常なほど発話が早かった。生まれたその晩、「声を出した。そんな子、初めて」と60代のベテラン助産師さんを驚かし、1歳8か月で保育園に入ったときは2語文（ときには3語文）を自在に操っていた。これは彼の個性である。同じように育てた孫（生後2か月から、私がずっと夜時間を共有し、添い寝している）は、2歳10か月現在、2語文をやっと使い始めたレベル。坂本龍馬もアインシュタインも4歳まではしゃべらなかったらしいので、私自身は、実は息子の発話の早さにはちょっとがっかりしたくらいだったから、2歳の孫の愛らしい2語文にわくわくしている。ことば以外の何を、あなたの脳は蓄えてるの？　と。

発話は、本当に千差万別。何もしゃべらなかったので、専門家に見てもらおうと思っていたら、ある日突然「これって、○○でいいでしょうか？」と長文をしゃべったというつわものもいる。日常、スキンシップしながら、顔を見て話しかけていれば（これは大事）、あとは、その子の脳が欲したときに、ことばを出してくれる。というわけで、息子のセリフ、ことばの発達の早さうんぬんは気にせず、読み進めてほしい。

その日、私たちは、ちゃぶ台の前にいた。

私は新聞を読み、息子は私のトレーナーの裾を広げて、頭から入り込み、ご満悦だった。寒い季節だった。そのころの彼は、私の着ているものの中に入るのが大好きだったのだ。冬でも靴下を穿かない彼の足を温めるために、私は、ときどき彼を抱き上げて、私のズボンの中に、一本ずつ彼の足を入れてあげた。そのために、幾冬か、伸縮性の高い素材のスラックスを穿いていた。小さな冷たい足が、私の太ももに触れて、じんわり温まってくる。私も幸せだったし、彼も嬉しそうだった。保育園の帰りにこれをしてあげると、私の足の動きに合わせて、彼も操り人形のように足を動かすことになる。それが可笑しいらしくて、「これしてもらうと、笑いが止まらないんだよ〜」と、帰る道中、ずっとけらけらと笑い続けていた。

手が冷たいときは、セーターの中に頭から潜り込んで、おっぱいで温めるのが、彼の常とう手段。その日も、そんなシーンだったのだと思う。私は、部屋が暖まるのを待ちながら、新聞を広げていた。

そうしたらふと、トレーナーの中の彼が、「ママ、ゆうちゃん、ここにいたんだよね」とつぶやいたのだ。

彼が、かつて私のお腹の中にいたこと。たぶん、私自身が教えたのか、他の大人が教えたのだろう。なので特段気にせず、「そうよ」と生返事をしながら、私は新聞を読み進めていた。しかし、彼の次のことばが私の手を止めさせた。「ママは、あかちゃんがんばって、ってゆった」

あかちゃん、がんばって。

そのセリフを言った時期が、私には明確にわかっていた。それは、彼が生まれる直前のこと。バブル期の「企業戦士」だった私は、息子が生まれる20日前まで現場にいて、深夜残業をしていたのだった。別に辛くはなかった。長期の休みに入るまでに、しておきたいことが満載だっただけだ。しかしさすがに臨月に入ると、長時間の開発会議は身体にこたえて、お腹がはってくる。そのとき、私はトイレや休憩室で、お腹をさすって、そのセリフを口にしたのだった。「あかちゃん、がんばって」

彼が生まれてきてからは、すぐに名前がついたから、「あかちゃん」なんて呼んだことはない。――彼は、胎内記憶を語っている。私はそう確信して、少し緊張した。

私は当時、人工知能の開発者で、コンピュータに人間のことばを理解させる研究をしていたため、脳とことばの発達について詳しかった。脳の発達メカニズム上、胎内記憶は2歳を超える頃までは脳内に保持される可能性が高い。したがって、発話の早い幼児の中には、胎内記憶を語る子がいる。そのことを知ってはいたのだが、我が子に、そんな瞬間が来るなんて思ってもいなかったので、不意を突かれたのだった。

彼は、胎内記憶を語っている。だとしたら、あのことを聞いてみよう。ずっと、知りたかった、あのこと。

その質問は、なぜか、一回しかできないと直感した。一度引きだすのに失敗したら、その記憶はばらばらになって、記憶の海の底に沈んでしまうに違いない。私は、慎重に彼と呼吸を合わせた。

「ゆうちゃんは、ママのお腹の中にいたんだよね」

「うん」

「で？　その前、どこにいたの？」

ここまで慎重を期しながらも、私は、彼の答えを期待していなかった。引きだせるなんて、奇跡に近い。しかし、彼は教えてくれたのだった。

「ママ、忘れちゃったの？」と、彼は、いぶかしげな顔でトレーナーの中から出てきた。「ゆうちゃん、木の上に咲いてたじゃない。で、ママと目が合って～、それでもって、ここにきたんだよ」と言いながら。

まるで美しい詩のようだった。涙があふれて止まらなかった。

子は母を選んで生まれてくる

幼児が語る胎内記憶には、共通の特徴があると言われている。高いところにいて（お空の上、屋根の上など）、母親を見ていたということ。息子の語った胎内記憶も、これに準じていた。

もちろん、これは、お腹に宿ったその瞬間の記憶ではない。さすがに受精卵には記憶を保持する場所がない。

卵子に幸運な精子がたどり着き、受精卵になる。受精卵が無事子宮壁に着床して、細胞分裂が進む。8週目には、後に脳と脊髄になる神経管のチューブが出来上がる。そんな生命の最初の歩みには、個人差はほとんどない。その歩みのどこで、脳は最初の「意識」を生み出すのだろうか。いずれにせよ、個人差のほとんどない領域で起こることだ。

その「意識」の初めに、母を選んだ確信がある。多くの胎内記憶を語る子に。ということは、おそらくすべての赤ちゃんに。そう、人工授精の赤ちゃんであっても。

肉体が出現する（細胞分裂が始まる）のと、意識が降りてくる（神経管のチューブが出来上がる）のには、タイムラグがある。その意識は、肉体が離れていても同調する。その意識のありようを、人は魂と呼ぶのだろう。そして、生まれたての魂は、確信しているのである。この母のところに来たかったのだ、と。

私を泣かせたのは、そのことだった。

子は、母を選んで生まれてくる。その事実。

私は、このとき、固く決心したのだった。私は、何があっても、この子を守る。この子の最大の理解者であり、最大の支援者であり、最大の癒しになる、と。

それは、単に、私の子だからじゃない。私を選んでくれたからだ。文字通り、人生のすべてをゆだねて。

これ以上、自分の存在を認めてくれる行為が、他にどこにあるだろう。ここにおいて、私の存在価値は永遠不滅になった。

母になる、というのは、そういうことだ。ゆるがぬ何かを手に入れる。

私は、人にないがしろにされて、自分の存在価値を矮小化されたと感じたとき(肩書のない研究者で、女性で若輩者だったから、そんなの日常茶飯事だった)、息子に触れて、自分の存在価値を確認することがあった。「子どものいない人は、こういうとき、どうするんだろう」と思うくらいに、それには効果があった。今でも、下宿から帰ってくる息子に抱きしめてもらうときがある。

授乳時は「心」をそらさない

あなたが赤ちゃんの母であるなら、今、あなたの腕の中にいる子は、あなたの存在を丸ごと認めてくれる「自然界からの祝福」なのである。

なのに、授乳や添い寝のときに、スマホの画面を見るためにそっぽ向いているなんて、していないでしょうね？

宇宙レベルの旅をしてきて、地球に降り立ち、自分がすべてをゆだねた愛しい人を見上げている我が子から視線を外して……？

授乳のときは、しっかり、彼（彼女）に意識を集中してあげてほしい。授乳の間中、目と目を合わせるには、距離が近すぎる。だからずっと見つめ合え、とは言わないが、そっぽを向かないで。スマホは、目だけじゃなくて、心もそらすことになる。意識が別のところに行く。そのことを、子どもの脳は、ちゃんと受信する。後にも述べるが、赤ちゃんの脳の中には、目の前の人の表情を鏡のように映し取るミラーニューロン（鏡の脳細胞）が多くあって、表情や気配を読み取る天才なのだ。新生児でも、母親が自分に集中していないことは見抜くのである。

子育てに反省は要らない

しかしまぁ、ここまでしてしまったことは、気にしないで。そもそも子育てに、反省は要らないのである。幼児の脳は奇跡のような機能を有している。いくらだって、取り返しがつく。気がついたときから始めればいいだけ。この本を読み終えるまで、どうか覚えておいてほしい。

母というのは、子のために、切ないくらいに胸を痛める生き物だ。

私が息子を産んだ晩、医師も助産師もひとりしかいない小さな産院では、別の難産の妊婦さんにかかりきりだった。早朝から苦しんでいた彼女は、夜になって緊急帝王切開になったのだそうで、看護師さんたちも、私の呼び出しブザーには反応してくれなかった。トイレに行きたくなったら呼ぶように、と言われていて、そうしたのだけど。

分娩室と同じフロアに病室があったので、その「総動員でかかりっきり」は手に取るようにわかり、私は、自分でできることは静かに自分でした。放っておかれたのは、新生児室の息子も同じだったようで、ひたすら泣き続けていた。

今なら、何の迷いもなく、新生児室の彼を奪ってきて、自分の胸に抱いて一晩過ごしただろう。しかし、新米ママの私は、新生児を普通の病室に連れてくることの是非がわからなかった。そのころの産科学では、新生児は、清潔な新生児室に置いておくもので、母親と寝かせたりはしないのが常識だったのである。お産疲れの私はなすすべもなく、ベッドでうとうとしながら、彼の泣き声を聞いていただけだった。

後に、母子同室を推奨する産院が増えて、私は深く傷ついた。考えてみれば、そちらの方がずっと自然だ。なぜ、あのとき、私は気づいてやれなかったのだろう。

優しい闇の中で、母親の体温と途切れることない心音が世界のすべてだったのに、いきなり、寒々しい蛍光灯の下に引きずり出される。母親の心音のない世界は、大人にしてみれば、無音室にいきなり閉じ込められたようなものだ。そんな不安のどん底で、たったひとりで彼は、人生最初の一晩を過ごしたのである。

しばらくの間、あの晩の泣き声を思い出すたびに、私は、涙がこぼれた。母親失格だと思えて。

息子を3人持つ私の叔母は、「泣かせてやらなきゃ。赤ちゃんは、しっかり泣かせてやらないと、肺が育たないというわよ」と笑い飛ばしてくれた。「胸板の厚い、いい男になるって」

今や、息子は胸囲110センチ超えの、しなやかな胸筋を誇るアスリート体型。たしかに叔母の言うとおりだったのかも、と、今になって、やっと心のしこりが消えた。それに、もしかすると、「離れ離れに過ごしたあの一晩」の思いが、私たちを恋人同士のような親子にしてくれたのかも……なんてね。そんな余裕が生まれたのも、彼が惚れ惚れするような大人の男になってからのことだ。

母親でない人の目線で言えば、「そんなの、多くの新生児に起こった普通のこと。一晩の不安なんて、覚えていないって」と笑い飛ばすことだろう。私自身、脳科学をたしなむ者として、脳には2歳までの文脈記憶(ひとりぼっちで放っておかれたような状況や因果関係を含む記憶)は残らないことを知っている。なのに、その悔いは、20年を超えて、私の心に鉛の塊のように沈んでいた。

母親とは、かくも愚かなほどに、子どもにすべてを与えたいものなのである。

「おおむね良好、時に失敗」が、子育ての理想形

だから、与えそこねることに怯えて、早期教育に走ったり、極端な育児法に走ったりする。

「太陽光は皮膚に悪い、将来皮膚がんになるかもしれない」と言って、秋なのに、幼児にくまなく日焼け止めクリームを塗り、帽子に首カバーにUVジャケットで、がっちり肌をカバーさせている母親がいた。「行き過ぎはダメよ。骨の成長に必要なビタミンDは、日光を浴びないと体内で生成できないから。何十年も先の皮膚がんの発生率がわずかに上がるのを怖れて、足や背中が曲がっちゃったら、元も子もなくない？」とアドバイスをしたことがある。

実際に、21世紀に入り、「お日様が子育ての敵」になってから、「昔の病気」だと思われていたくる病（ビタミンD不足によって起こる骨の発育不全）が発生しはじめているのである。

彼女は、「どうしたらいいんですか？」と泣き出してしまった。何十年も先の皮膚がんの

発生率だって0・1%も上げたくない、骨だってすくすく伸びてほしい、と。

生態系にはゼロリスクはありえない。私たちは、酸素がなければ生きていけないが、酸素は細胞を酸化（老化）させる。怪我をしないで育ってほしいが、怪我をするくらいのクライシスがなければ、脳内の身体制御のセンスが育たない。あっちもほしい、こっちもほしいはできない相談なのである。

でもね、私は、その母親を笑うことができない。息子が生まれた晩のトラウマが、ずっと私を苦しめていたもの。母たちには、いくら理屈では理解しても、どうにも消せない、切ない願いがある。子どもには、100%の可能性を手にしてほしい。

ただ、覚えておいてほしい。

脳には、ネガティブな入力も不可欠だということを。

喜怒哀楽のすべてが脳を育てる。24時間365日情緒が安定した、人工知能みたいな母親に育てられたら、かえって情緒が欠落する。わかってもらえなくて悲しい→わかってもらえて嬉しい、のような情緒の落差が、子どもの脳に感性の地図を描く。

「おおむね良好、時に失敗」が、子育ての理想形である。

だから、子育てに反省は要らない。過去を悔やまなくていいし、与えられなかった未来を憂えることもない。後で詳しく述べるが、ヒトの脳は、手に入れることより、失うことの方がずっと成長の役に立つのだから。

働く母でいること

泣き叫ぶ幼い子どもを保育園に預けて働くお母さんたちも、安心してほしい。

朝、母親と離ればなれになって悲しい思いをし、夕方、母親に抱かれて至福の思いを手にする。その感情の落差が、確実に感性を育てる。

保育室の奥から、一直線に胸に跳びこんで来た、幼い息子。勢い余って、でんぐり返っちゃったことだってある。あの母を見つけた瞬間の輝くような喜びに、脳内効果がないわけがない。

子育てに専念できるのは幸せなことだけど、働くと決めたら、迷うことも、後ろめたいと思うこともない。

15歳は、おとな脳の完成期である（子ども脳とおとな脳の違いは後に述べる）。息子の15歳の誕生日、脳を知る私にはおおいなる感慨があった。

〝おとな〟になった息子に、「あなたは、おとな脳に変わりました。もう、私の子育ては終わり。これからは親友になろうね」と言った後、「ところで、ハハの子育てで、何が一番気に入ってる？」と尋ねてみた。

どうせ「なんだろうなぁ」なんて言って、うやむやになるだろうと思っていたのに、息子は即座に「あー、それは、絵本を読んでくれたこと」と言いきった。

絵本？

きょとんとする私に、「そう。たくさん読んでくれたじゃん。ほら、『51ばんめのサンタクロース』とか」

懐かしい絵本のタイトルが出て、私もつい顔がほころんだ。「あ～、あったねぇ。あと、身体が小さくなって、冒険するやつ」

「『ミクロたんけんたい』！」と、二人で声を揃える。

我が家の息子でも、14～15歳の頃はやっぱり、少し扱いにくかった。そんな彼の前で、二人で布団の中で身体を寄せ合って、絵本を読んであげた日々が蘇ってくる。私は胸がきゅんとして、つい、「ねねね、久しぶりに、絵本、読んであげようか?」と申し出てしまった。

「いや、いい」と、無表情になる息子。そりゃ、そうだよね、これが思春期というものである。息子に恨みはない。

ただ、このとき、私は、ふいに、子育てが本当に終わってしまったことを悟ったのだった。我が家にはもう絵本を読んであげる子がいない……! 本当はもう8年くらい前からそうだったのに、この日、その事実は、あらためて私を打ちのめした。涙が溢れる。

「そんなに読みたいんなら、読む?」と、息子がびびって、気を遣ってくれる。私は、手放しで、おんおん泣いてしまった。子育ての終わりの、鮮烈な実感だった。まだ何もしていないのに、子育てが終わってしまった。もっともっと、一緒にいればよかった。もっともっと、絵本を読めばよかった。もっともっと……。

私の大好きな映画「おおかみこどもの雨と雪」の中で、おおかみこどものお母さんが、オオカミとして生きることを決めて家を出た息子を追って山に入り、「かあさん、まだ、何もしてあげていない」と絞り出すように言うシーンがある。私は、このシーンを見るたびに、この日の実感を思い出して、胸が苦しくなる。

母親ならば、きっと、誰もがいつか思うことなのだろう。母親のほうは、毎日毎日、とにかく食べさせ、無事に過ごすことに精一杯である。生活に追われているうちに、子育ての終わりは、ある日、ふいにやってくる。

母親から見れば、まだいたいけな少年なのに、社会の荒波の中に、子は出ていくのだ。「もっともっと、あなたと一緒にいればよかった」と、私は、しゃくりあげながら言った。息子は、「そうだね、小さいころは、ずっとママの帰りを待っていた」と、優しく背中をさすってくれる。

私は「働く母じゃなければよかったね、ごめんね」と嘆いた。働き続けたことについて後悔したのは、後にも先にも、この一瞬だけである。

しかし、息子は、こう答えてくれたのだ。「もう一度やり直せたとしても、おいらは、この働くハハがいい。外の空気を持ってくるというか、世界を知ってるのがいい。何より、一生懸命でカワイイよ」

私は、自分の母親がとても優秀な専業主婦だったので、母親が傍にいてくれることの安寧をよく知っている。そうしてあげられれば、そうしてあげたかった。けれど、息子は、働く母の利点をわかってくれていた。母たる者、どちらの道も、堂々と行けばいいのに違いない。

息子にハグをしてもらう方法

ただ、時間僅少だからこそ、「母親とともにいる時間」の密度を上げる必要がある。授乳の時間も、保育園にお迎えに行ったその瞬間も、うんと大事にしてほしい。

保育園の先生たちによれば、スマホを片手に子どもを迎えに来て、子どもと目も合わさずに手を引いて帰る母親も増えているとか。「別の子どもの手を握らせても、わからないかも」という保育士さんの冗談に、つい笑ってしまった私だが、笑いごとじゃないかも。「母との再会の喜び」は、脳のクライマックス。子どもの脳の発達と、将来の親子関係の充実のために、ここは、女優になるくらいの覚悟で、劇的に。

私と息子は、遠距離恋愛の恋人同士くらいの勢いでハグし合った。その習慣は、ずっと続き、今に至る。

小学生になっても、家を出るときと、帰ってきたときにハグ。抱き合って、耳の横でチュッと音を立てる中部ヨーロッパ式の正式なハグである。「世界中の母と子がこうしてるのよ」と教えた。

息子が小学5年のときだったか、学校から帰ってきた息子が「ママは世界中の母と子がハグするって言ったよね?」と言いだした。続けて、「世界はそうかもしれないけど、台東区では違うらしいよ」と。

私が、少しもひるまず「あなたは、世界に出ていく男でしょ? 台東区で一生を終えるわけじゃないよね。じゃ、世界のやり方に従おう」と答えたら、息子は、あっさり「そうだね」と微笑んだ。

それから16年あまり、今もハグは続いている。最初は、小さな彼を私が抱きとめていたのに、いつしか、大きな彼に私が抱きとめられるようになった。180センチの彼の手慣れたハグは、かなりナチュラルでスイートだ。東京駅や羽田空港のような公衆の面前でも、しっかりハグしてくれる。

そんな私たちは、日本人の親子に見えないときもあるらしい。二人で泊った京都のホテルの朝食会場で、「2 persons?」と聞かれた私たちである。母親をエスコートして歩く息子は珍しいのだろう。

そのすべては、保育園のお迎えで始まった。ほらね、スマホ片手に、ルーチンで流すのはもったいなさすぎる。

最高の英才教育

さて、授乳中に大切なことを、もう一つ。

授乳中は、ことばをかけることが肝心だ。

生まれてすぐの子どもたちは、「目の前の話し手の筋肉の動き」（視覚）と、「息の風圧」や「抱いてくれている話し手の胸郭に起こる音響振動」（触覚）などでことばを認知している。音（聴覚）が優位になるのは、2歳の後半に入ってからだ。

抱いて、美しい母語で語りかける。母語とは、脳が人生最初に獲得する言語のこと。この母語こそが、感性の枠組みの基礎となり、一生の情緒を下支えする。その母語を、脳の深い領域に染み込ませるのが、2歳までの視覚と触覚の対話だ。生まれてすぐの赤ちゃんには、これ以上の英才教育はないのである。

生まれてすぐの赤ちゃんで行う、共鳴動作実験というのを聞いたことがあるだろうか。目が覚めている赤ちゃんの顔から15センチくらいのところに、自分の顔を近づける。舌を出して、ゆっくりと横に揺らし、やがて出したり入れたりする。そうすると、赤ちゃんが真似をするのである。

これって、すごいことでしょう？　生まれてすぐの赤ちゃんでも、目の前のピンクの物体が自分の身体のどこに当たり、どうすれば同じことができるかわかるってことだもの。

生まれて3時間の赤ちゃんで、この実験ができるという。私の息子は、生まれて18時間後に、この実験に応えてくれた。ちなみに、気が向かない赤ちゃんも当然いるので、実験に失敗しても心配する必要はない。

私たちの脳にはミラーニューロンと呼ばれる神経細胞がある。ミラーニューロンの意味は「鏡の脳細胞」、目の前の表情筋の動きを鏡のように映し取る能力が、私たちにはあるのだ。

生まれたての子を抱き上げて、おばあちゃんが「よく、生まれてきたねぇ」と声をかける。ヨは舌を柔らかく包み込むようにして発音し、ネェは舌を上あごに柔らかくくっつけて出す。どちらも、息がこもり、口の中に温かさをもたらす。その口腔周辺の筋肉の動きで、新生児は、ことばの優しさを受け取るのである。音を聞き分けられない、記号的な意味を知らないからといって、赤ちゃんをなめちゃいけない。生まれてすぐから、赤ちゃんは、ことばの感性を受け取るのだ。

だから、私は、赤ちゃん期の息子に、いわゆる幼児語は使わなかった。幼児語は、子どもに聞き取りやすいように、音韻種を絞ったことばだ。彼の目や皮膚に届けることばの音韻種を減らしたくなかったので、私は普通にしゃべった。離乳食を出すときにも「お口に合うかしら」と言ってたくらい。

逆に、2歳の、記号論的なコミュニケーションが始まるころには、「にゃーにゃー」や「ぶーぶ」など、擬音語や擬態語を取り入れた幼児語でしゃべっていたけれどね。この時期は、意味が通じることに興奮があったので。彼にも、私にも。

授乳時の赤ちゃんの脳は最高に活性化している

ミラーニューロンで受け取った相手の表情筋の動きは、そのまま、自分の表情筋に伝わる。目の前でにっこり微笑まれたら、ついこちらもにっこりしてしまう。その反応に、意味解釈が入る余地はない。

ミラーニューロンを満載した赤ちゃんの脳は、「目の前の舌の動き」を真似してしまうくらいに、人の顔の筋肉の動きに反応してしまう。その能力を持って、ヒトはことばを獲得し、発話を果たすのである。

その赤ちゃんの脳にとって、最も重要なのが、授乳の時間だ。

何せ、授乳の時間以外ほとんど眠っている新生児にとって、最も脳が活性化している時間であることには間違いがない。さらに、お乳をくわえた赤ちゃんは、口角筋を三次元方向に巧みに使っている。つまり、脳と口角筋が密接に連動して、最高に活性化している状態なのである。そのとき、目の前の口がことばを発したら、そのことばの感性は、いっそう深く微細に脳裏に書き込まれることになる。

ただ抱いてことばをかけるだけでも、脳にとっては目覚ましい効果なのに、授乳中のその効果は計り知れない。そんなチャンスを、みすみすＬＩＮＥ確認で逃すなんて、あー、信じられない。

話しかけることばは何でもいい。ただ、心に浮かんだことばを口にすればいい。

私は、毎回、彼と出逢えたしあわせを語り、町で見かけたどの子よりあなたが素敵よ、なんて言っていた。実際、出産直後の母親とは不思議なもので、自分の子がかわいすぎて、客観的指標はぜんぜん意味がないのである。自分の子より整った顔の子を見たら、「あ〜、デキすぎ。美しすぎて、ビジネスエリアでは、軽く見られて、かえって苦労する顔だわ」とか本気で思っていたからね（微笑）。

それと、何も思い浮かばないときは、唱歌。「朧《おぼろ》月夜」や「浜辺の歌」など、彼に伝えたい美しい日本語の音韻が満載だったからだ。あるいは、勝手に作ったオリジナルの子守歌とかね。

心に浮かぶことばを、浮かんだままに話す、歌う。基本的にはそれでいいと思う。悲しいときは、素直に悲しいことを語ってもいい。

胎内で聞いたり、赤ちゃんにかけられたことばの文脈上の意味は、2歳の後半にいったん壊れるようである。だとしたら、脳に残るのは、ことばの感性のみ。意味にあまりこだわる必要はない。

ひどいことばは忘れてしまう

ということは、この時期につい口にしてしまった暴言も、気にしなくて大丈夫。胎内記憶や新生児のことばの認知を知ると、「この子を産むのに迷いました。そのことを口にしてしまったので、この子は知っているのでしょうか」とか、あるいは「夜泣きにほとほと疲れ果てて、あんたなんて産まなきゃよかったと言ってしまった」と悔やむ方がいて、私は心底かわいそうになる。

大丈夫。3歳前に、脳内の記憶文脈の関係性はいったん壊れるので、そんな遺恨は、けって残らない。

息子の存在を否定するひどいことばくらい、私だって吐いた。どんなに愛していても、育児には疲れ果てる。光は必ず影と共にあるように、愛も必ず憎しみと共にある。ときに放射してしまう、愛するがゆえの憎しみも、自分で自分に許してあげよう。

子どもが悪いわけじゃないのに、イラついて理不尽につらく当たってしまった。後から無垢な寝顔を見て、「ごめんなさい」と涙をこぼす母親が、今この瞬間にも、この星に何万人もいるに違いない。常時暴力あるいはネグレクトするという深刻な場合を除いて、たまのそれは、育児のアクセント。たまに現れる影は、光の存在を知らせてくれる。母は愛を確認し、子どもは文脈的意味の遺恨は残さず、すくすくと育つ。

愛は、痛みである

そもそも、悲しみや心の痛みを伴わない子育てなんか、あるのだろうか。

いや、あるわけがない。

母たちは、子どもに湿疹がひとつできただけでも、心が痛い。熱なんか出したら、パニックになりそうになる。毎晩、眠っている子をそっとのぞいて、健やかな息をしていることにホッとする。幼子のいる母親が、脳の緊張を解く暇は一瞬たりともない。愛する者がいれば、心の痛みと無関係ではいられないのだ。

そもそも、脳にとって、愛とは、痛み。他者の痛みを自分のことのように感じ、自分の中にある癒しを与えようとする行為なのである。逆に言えば、心の痛みを伴わない営みに、愛はない。

私は、人工知能開発者として、長らく「脳にとって愛とは何か」を探ってきた。人工知能は愛を知ることができるのか、それを知りたかったからだ。

男女が惚れあって、互いを独占しようとし合う行為は、愛とは言い難い。なぜなら、これは、遺伝子配合のために用意されたプログラムに他ならないからだ。

動物たちは、すべからく、異性の生体情報（声や骨格、体臭など）から、無意識のうちに遺伝子の情報を読み解き、「遺伝子相性のいい相手」にだけ発情する。発情すれば、生殖ホルモンの作用で「一緒にいたい」「相手を独占したい」という感情が起こり、いわゆる恋愛状態になる。しかし、これらはすべて、脳の生殖本能とホルモンが作りだす情動である。

私は、直感的に、愛とは、恋が終わっても残るもの、恋が伴わなくてもそこにあるもののような気がしていたのだが、脳の機能の中のどれがそうなのか、言い当てられないでいた。

けれど、最近やっと、愛の正体を知った気がする。それを知らせてくれたのは、我が家の猫だった。

愛の正体

我が家に天使のように降り立ったスコティッシュ・ホールドの猫娘は、肢の骨が少し曲がっていて、何をするにも不器用な子だった。顔も美猫とは程遠く、ペットショップでは、明らかに他と比べて見劣りのする存在だったのだが、当時小学生だった息子と彼女の目が合ってしまったのだ。息子は、金縛りにあったようにそこから動けなくなってしまい、目に涙を浮かべて、「この子だよ。この子を連れて帰る」と絞り出すように言ったのだった。

そのときから、彼女は、私たち家族の宝物になった。そして、私に、愛とは何かを教えてくれたのだった。

彼女は、私が扁桃腺を腫らして寝ていると、私の喉に自分の喉を重ねてごろごろと鳴らしてくれた。捻挫した足にも、喉を載せて、同じようにしてくれた。

闇の中で獲物を狙うネコ属は、人間が見えない赤外線領域の光も感知する。おそらく、炎症を起こして発熱している部位がわかったのだろう。そして、猫のごろごろの波動には、免疫力を上げる効果があるそうで、自分自身が傷ついたときにもそれをし、弱った仲間にも喉を寄せてごろごろしてやるそうだ。

つまり、彼女は、私の痛みを察し、彼女の中にある癒しを、私に与えようとしてくれたのだった。彼女には、溢れる愛があった。

獣医師によれば、彼女の肢の奇形は痛みを伴うものだったという。彼女は、誰よりも痛みを知っていたのである。他者の痛みを自らの痛みのように感じ、自分にある癒し（ことばや行為）を与えようとする思いが、脳の中における「愛」の定義である。

だとするなら、傷ついた回数が多いほど、人は愛を知ることになる。傷つくことを怖れることはない。私たちは、心の痛みの分だけ、愛を知るのだから。

「かなし」という音韻に、愛という字を宛てることがある。

「かわいそう」と「かわいい」は、同じ語幹を持つ。

日本人は、太古の昔から、愛と痛みは同じ場所にあることを、知っていたのに違いない。

愛を伝えることば

さて。

遠来の友と食事をして会話に興じ、ホテルに送り届けたとき、あなたは、自然に「ゆっくり、やすんでね」と言わないだろうか？

「ゆっくり」も「やすんでね」も、ヤ行音で始まることばだ。ヤ行音は、二重母音で出す音韻。イアを一拍で発音するとヤ、イウを一拍で発音するとユ、イオを一拍で発音するとヨになる。

イは、舌を前に押し出すようにして鋭く緊張させる音で、アウオは、その緊張を和らげる働きをする。アは上に向かって開放するように、ウは内側に柔らかく受け入れるように、オは包み込むように。つまりヤユヨは、私たちの上半身に緊張緩和の感覚をもたらす音韻たちなのである。

加えて、舌を揺らすことで音を作るヤ行音は、筋肉運動が始まってから、実際の音の発現までに最も時間がかかる子音でもある。このため、ヤ行音を発音した私たちのからだには、実際に「長い時間と癒し」の感覚がもたらされるのだ。

ヤ行音を発すると、私たちのからだの緊張がほどける。自分のからだに実際に起こるその感覚を、私たちは、たいせつなひとに与えるために、ことばを発するのである。「ゆっくり、やすんでね」と。

この効果は、もちろん、他のすべての音韻にある。サ行音は、口腔をぬぐう爽やかな風だ。清潔感とスピード感がある。「さて、と。さぁ、行こうか」と言われれば、重い腰もなんとか上がる。ナ行音は、舌を上あごに柔らかく密着させるので、肌をよせ合ったような親密感をもたらす。恋人に、「な?」とか「ね?」とか言われると、ちょっと嬉しいのは、その効果だ。

私たちは、当然、意味を伝えるためにも会話をするけど、自分のからだに起こる感覚を相手にプレゼントするためにもことばを紡ぐ。

優しさをあげたくて、筋肉を柔らかく動かし、爽やかさをあげたくて、息を滑りださせる。語感の研究者である私には、その行為自体が愛だと思えてならない。「愛してる」「好き」だけが愛を伝えることばじゃないのである。

世界中の言語において、語感（言葉の発音体感）と意味の一致は見られるのだが、日本語のそれほど顕著なことばは他にないように思える。しかも、日本語は、同じ意味のことばを音読みと訓読みのことばで表現する（うみと海洋、やまと山岳、いのちと生命、こころと精神、のように）。意味文脈はそのままで、凛々しい表現にも、優しい表現にも変えられるのである。日本人が音韻で伝える情をどれほど大切にしてきたかがわかるような気がする。

愛は受け継がれる

私の舅は、東京下町の帽子職人で、粋な江戸ことばを使った。手伝い歩きをしていた幼い息子が、食卓のお皿に手をついて、ソースまみれの手を父の白いシャツの胸元にのばしたときも、あわてず騒がず「ゆうさん、そんなんじゃ、始末が悪くてしょうがねぇよ」と手首をとって、拭いてやっていた。

江戸っ子には、混みあう町で、人と人が正面からぶつからないように生きてきた知恵がある。人とすれ違うときには、半身にして通る。傘は斜めにさす。人を叱るときも、真正面から怒鳴りつけたりはしない。

そんな父が使うことばで、私が大好きなことばがあった。やれやれ、である。外出から帰ったとき、必ず「やれやれ」と声を出して、自分の緊張を解き、家族の身体の緊張を解いてくれたのである。私が、なにか失敗したときも、「やれやれ」と声をかけて、緊張を解いてくれたものだった。

15年ほど共に暮らし、やがて、父を亡くした。

その葬儀の日、疲れ切って玄関にたどり着いた私は、無意識に父の「やれやれ」を期待して、はっとした。いつもならここで、父のそのセリフが家族を癒すはずなのに、それがない。私は、たいせつな愛をひとつ失ったのだと思い知った。

そのときである。中学生だった息子が、声変わりしたての声で「やれやれ」とつぶやいたのだ。

後で、「あのとき、なぜ言ってくれたの?」と聞いたら、「誰かが言わなくちゃならない気がして。なのに、パパが言わないからさ」。

こうして、祖父のことばは、孫へと引き継がれた。父の愛は、水面に映る陽光のように、下からも私を照らしてくれる。血を継ぐ、というのは、こういうことなのかもしれない。いのちの流れの中で、愛は尽きることがない、という真実を知ること。

ただ……こうして、子をなすことの意味を語るときに、私は天真爛漫ではいられない。母になる夢が叶わなかったひとが、あるいは母を知らないひとが、この文章を読むときの痛みを思うからだ。

でも、私は言いたい。家に守られて子育てをした人にはわからないその痛みはまた、強い愛を生み出す。その愛は、社会を包み込み、血なんかに縛られない、もっと大きないのちの流れを紡ぐのに違いない。

私たちは、痛い思いをした分だけ愛を知る。愛を知った分だけ、愛を紡ぐ人になれる。

父が、とびきり優しい「やれやれ」を言ったわけは、人一倍気疲れするタイプだったからだ。日頃工房にこもっていた職人の父は、一方で、機知にとんだ如才のない会話をする人だった。気遣いのある、静かなひとだった。このため、たくさんの人の中にいると、疲れ果ててしまうのである。

外から帰ってくると、どっと疲労感を覚える父は、自分に「やれやれ」と言いながら、周りも癒し、食器を割ってあわてる嫁にもそのことばをくれた。緊張の苦しさを知らない人なら、きっと、そのことばを使わない。

そして、緊張の苦しさを知らない人工知能にそれを言われたら、私はほっとするどころか腹が立つだろう。

それが、人と人工知能の違いである。痛みがわかるかどうか。ひいては、愛があるかどうか。

だから、人工知能に「愛しいもの」のかたちを与えてはいけないのである。愛らしい動物や、あどけない子どものようなロボットは、けっして許してはいけない。そこには、触れる者をかえって愛に飢えさせる、おぞましい何かがある。孤独なおばあちゃんに、幼児型ロボットと会話させるのは危ない。

おそらく、「愛しいもの」のかたちをしたロボットは、痛みの薄いエリートたちの手によって量産され、一時期のAI市場を牽引するのだろうが、もしも、あなたの心がわずかでも違和感を覚えるのなら、どうか、それを退けてほしい。それができるのは、痛みを知る者たちだけである。たとえば、母になった女や、母になれなかった女たちのような。

他者の痛みを知り、自らの中にある癒しを与える行為。我が家の愛猫は喉のごろごろでそれを教えてくれたけど、人はことばでそれをすることができる。

ことばには、人を癒したり、鼓舞したりする力がある。発音体感がもたらすそれこそが、ことばの真髄であると、私は確信している。

そのことばの真髄を、私たちは、母の胎内で知るのである。

母の胎内で知ること

ヒトがことばに出会うのはいつだろうか。

息子は、胎内記憶を語ってくれたので、それは生まれる前、お母さんのお腹の中にいるときであるのは間違いがない。

ただ、私は語感の正体が体感であることを知るまでは、胎児がことばを知るのは耳からだと思っていた。つまり聴覚野が完成してから、ヒトはことばに出会うのだ、と。

胎児の聴覚野は、ほぼ30週目に完成するという。つまり、妊娠8か月目の後半には、外部音声を感知して、記憶の領域にしまうことが可能になる。我が家の息子のように、妊娠終盤の母親のセリフをそこから持ち出すことも、もちろん奇跡じゃなく、普通に可能なのだ。

しかし、ことばの真髄が「筋肉のゆらぎ」「息の流れ」「音響振動」などの体感に由来するとしたら、それはもっと、驚くほど早い時期に起こることになる。

母親がことばを発するとき、お腹の中にいる赤ちゃんは、母体の筋肉運動、息の音や声帯振動音の音響のど真ん中にいることになる。

たとえば、母親に何か嬉しいことがあって、「ありがとう」と口にしたとしよう。お腹にいる赤ちゃんにとっては、母親の血流がよくなったり、嬉しいときに分泌されるホルモンの作用などで、とても気持ちいい環境になる。同時に、「ありがとう」の筋肉運動や音響振動が届くのである。

このことが何度か繰り返されれば、赤ちゃんの脳に、「ありがとう」の発音体感と、胎内の気持ちよさの関係性が生まれるはずだ。やがて聴覚野が完成すれば、これに音声情報が加わる。つまり、胎児は、「ありがとう」の真ん中にいて、「ありがとう」を口にする人の体内で起こる喜びを、その身体の一部として知るのである。

よちよち歩きの小さな子でも、何かを持ってきてくれたときなどに、「ありがとう」と声をかけると、花が咲いたように笑う。「あー、あなたは、ありがとうの意味を知っているのね」と私は嬉しくなる。

この話をある講演でしたとき、講演後に控室を訪ねてこられた方がいた。

「妻は、末っ子のお産で亡くなったので、私は男手ひとつで3人の子を育てました」とその方は話し始めた。「私の妻は、ありがとうの多い女で、何かにつけ、それを言ってくれていたんです。そうしたら、末の子が、ありがとうの多い子で。まさに母親の口調で、母親と同じタイミングでそれを言う。この子は、母親を知らないのに……不思議で不思議でしょうがなかったのですが、今日、そのわけを知りました」

あの子は、と、その方は静かな声でおっしゃった。「母親をちゃんと知っていたんだ。10か月も一緒にいたんですからね」

私は、胸を打たれて、しばらく言葉を失ってしまった。

母というのは、かくも特別な存在なのである。生まれてすぐに会えなくなったとしても、10か月で残したものは、果てしなく大きい。

この本を妊婦の方が読んでくださっているのなら、どうぞ、この特別な蜜月期間を情緒豊かにお過ごしください。「ありがとう」も「嬉しい」も「美味しい」も「かわいい」も、たくさん言ってください。「悲しい」や「悔しい」や「つらい」があってもいい。頑張るようすを伝えてもいい。心と一致した言葉を、どうか、たくさん口にしてほしい。

神経系ができはじめたときから、胎児は母体の振動を感知する。後に脳や脊髄になる神経管のチューブができるのが妊娠8週と言われている。おそらく想像を超えるような早いうちから、私たちは、母体のことばの振動をキャッチしているのに違いない。

そう、私たちは、母の横隔膜のゆりかごに揺られて、ことばの真髄に出会っていくのである。

この脳にとって、母親は、「この世の最初のひとしずく」を与える、世にも特別な存在なのである。

この世で、最も息の合う二人

母と子は、息が合うのも半端じゃない。

昨年から、私は息子とアルゼンチンタンゴのペアを組んでいる。アルゼンチンタンゴは、男女が組んで、互いの〝からだの声〟を聴きながら、即興で踊るダンス。音楽の取り方も、どう踊るのかも、男性のリードで進められる。男性のリードにしなやかに反応して、美しい花を咲かせるのが女性の役目だ。

男性は、女性の骨格や筋肉の特性をしっかり感じて、一歩の幅やスピードを決める。女性は、男性の筋肉のわずかな動きも「聞き漏らさない」ように神経を集中する。男性の肩甲骨がゆっくりと上がって、背筋に力がこめられる。その様子で、彼が次に何を仕掛けてくるかがわかるからだ。

そして、互いのからだを感じあう際に、最も大事なのは、息を合わせること。

たとえば、男性が、息を吸いながら女性の太ももをはらうと、女性の脚は高く上がる。逆に、息を吐きながら同じことをすると、女性の脚は低く広がり、コンパスのように床に大きな円を描く。呼吸一つで、まったく違う結果を生むことになる。

このため、タンゴのペアが、組んで最初にすることは、呼吸を合わせること。……なのだが、息子とは、呼吸を合わせたことがない。手に手を取って位置に就き、からだを合わせる頃には、自然に同じ呼吸のサイクルにいるのである。何度やっても同じ。

アルゼンチン人のタンゴダンサーを母に持つダンサー、新垣アクセルにその話をしたら、彼も、まったく同じだという。母親とは、息を合わせなくても、いつの間にか合っていると。

10か月、母の呼吸のゆりかごに絶え間なく揺られて、子は脳と神経系を形成していったのである。母の呼吸のリズムこそが、脳と体のリズムの基本。してみれば、母と息子の息がぴったりなのは、しごく当然のこと(それにしても、これだけ息の合う子を息子と呼ぶとは、こはいかに?)。25年目に気づくというのも、ちょっと間抜けじゃないか、と思うくらいだ。

そういえば、息子が赤ちゃんのころ、私が添い寝するとすぐに眠る息子が、パパの添い寝だとなかなか落ち着かない。

観察していた私が、夫にアドバイスしたことがある。「呼吸のサイクルを合わせてあげて。彼が吸うときに一緒に吸いはじめるの。赤ちゃんの呼吸は速いから、あなたの一呼吸の間に彼が何呼吸かすることになると思うけど、あなたの吸い始めは、必ず、彼の〝吸う〟に合わせるわけ。つまり、吸って吐いて、を全部合わせなくていいけど、あなたの2回目の吸い始めを、赤ちゃんの3回目とか4回目の吸うに合わせればいい」

私には、無意識にできる簡単なことだったけど、彼にはなかなか難しかったらしい。彼が混乱すると、ますます息子が混乱するので、「いい、いい、あまり気にしないで」と終わりにしてしまったけど。

イクメン、カジダンがもてはやされて久しい。

1980年代以降、男性ホルモン・テストステロンの分泌量が全体に減っていると指摘する論文もある。テストステロンは、男性の生殖行為をアシストし、縄張り意識や闘争心を生み出すホルモンなので、分泌量が減れば、性格がまろやかになる。なので、私の世代よりずっと、男性たちが育児に寄り添いやすくなっているのだとは思うのだけど、育児はやっぱり完全平等じゃないと思えてならない。

生まれて25年経っても呼吸の合う母と子である。母の胸に抱かれた方が、子は安心するに違いない。夫はうまく使ったらいいが、育児の主役は、常に母親にある。その覚悟は決めたほうがいい。

私たちは、選ばれて、母になった。

その子は、母の呼吸のゆりかごで、人生最初の感性の回路を作り上げ、一生を生きていく。私たちは、尊い一つのいのちと、脳という小宇宙をここに生み出したのだ。

母となることは、かくも特別のことである。この世の、どんな仕事の成果も、これにかなうことがない。母としての誇り。それをどうか、あなたの核にしてほしい。

あなたの子は、あなたの感性が生み出した子だ。あなたの感性で育ててあげれば間違いがない。人に何を言われたって、自分の信じた道を行こう。

とはいえ、何を信じればいいのか、よくわからないという方のために、私が脳の構造から見つけ出した、育児のコツを次章で述べようと思う。

2025年
コラム
2

「自分だけの時間が欲しい」のは、健康な母である証拠

子どもはかわいい、手放せと言われても絶対に無理なくらいに。なのに、子育てに追われて一日が暮れていく……そんな黄昏時のふとした瞬間に、とてつもなく虚しくなることがある。

午前中、赤ちゃんがすやすや寝ているうちに家事を済ませ、公園に日光浴に行ったら、帰り路に夕飯の食材を買って帰ろう、初夏の風が気持ちよくて、息子も嬉しいに違いない……そんなふうに組み立てた一日が、いやいや赤ちゃんは一向に寝やしない、家事はまったく片付かない、出かけようと思ったらお乳を吐いて、着替えさせて授乳しているうちに日が陰って公園日光浴を断念、疲れて赤ちゃんと一緒に寝入っちゃって、夕飯の買い物もできなかった、なんて一日に代わってしまった日の暗黒の絶望感は、とうていことばでは言い尽くせない。

日がな息子と過ごすうちに、社会に取り残されたような、人生を根こそぎ奪われたような焦燥感に駆られたこともあった。ふらりと家を出て、ホテルのベッドで、ミステリーを読みふけりたい、そんな、こみ上げてくるような衝動に、母親失格なのかと深く落ち込んだこともある。

でもね、孫を持つようになってから、それは「生殖現役の女性脳」が感じる、ごく当たり前の、健全な感覚であることを知った。

孫が生まれて半年ほどしたころ、動物行動学の竹内久美子先生と対談をさせていただいた。お目にかかってすぐ竹内先生が「お孫さん、かわいいでしょう。実は、孫が無条件にかわいいのには理由があるって知ってた？」とおっしゃった。

曰く、祖父母には生殖本能がないから、だそう。

動物の脳には、できるだけ多くの「遺伝子のバリエーション」を残そうとする強い本能がある。人類にもそれがあるからこそ、繁栄して、地球を覆いつくしているのである。

生殖能力がある限り、脳の本能の領域では「今の子で終えよう」という気はさらさらないのだ。たとえ、大脳思考領域で、「経済的に」「仕事との兼ね合いで」これで終わり、と、思っていても。

というわけで、生殖現役のママたちの脳は、育児に専念しつつも、次の生殖に向かっている。このため、脳が今目の前にある「ひとつの遺伝子セット」に人生コストがかかりすぎるのをよしとせず、幼子に想定より手がかかると、人生を奪われたような焦燥感を覚えるのだそうだ。

これを言われて、私は合点が行った。生まれてきたばかりの息子がかわいくてたまらないのに、そのかわいさの度合いとは全く無関係に、ときどき襲ってくるパニックのような感情——なるほど、あれは、ごく普通のことだったのだ。

一方、生殖能力が働かない祖父母は、孫に多少手がかかろうが、ここまでの腹から湧き上がってくるような焦燥感はない。自分の子どもとは違う、このおっとりした感覚を、人は「孫は無条件にかわいい」と言うのである。

生殖本能が強く働く者たちは遺伝子セットの量産に励み、生殖本能に駆られない個体が子育てをフォローする。竹内先生は、これこそが、人類の生殖の仕組みであり、私たちが生殖期間を終えてなお生き続ける理由だとおっしゃった。

考えてみれば、人類の子育ては、動物界最大のコストとリスクを抱えている。生まれて一年も自立自走できない動物なんて人類だけだ。成熟して生殖が可能になり、縄張りを守り、餌を安定して獲得できるようになるまで、そこからまだ十数年はかかる。そんな子育てを親たちだけでこなすには、人生コスト（時間、手間、意識、金）がかかりすぎるし、リスクが高すぎる。人類の子育ては、大昔から、コミュニティの中で行われてきた。いわゆる核家族のように、子育ての日々の手間のすべてが、親の手にゆだねられるようになったのは、近年のことである。

子どもに罪はないのに無性にイラつく、ときどき闇に落ちるように子育ての気力を失う、世間で言うほど子どもがかわいいとも思えない――それらは、母性が欠落しているわけじゃない、むしろ生殖本能が健全に継続している証拠なのである。どうか、自分を責めないで。

現代のように、女性にも社会参加の可能性が与えられている時代には、私たちの世代のようにはあきらめがつかないので、よりいっそうつらいはず。大事なのは、四六時中一緒にいることじゃない、子どもと一緒にいる時間を楽しめること。虚しさやイラつきにからめとられて、子どもに暗い顔を見せたり、ひどいことばを投げつけたりする前に、自分自身の時間を持つこと。子どもの祖父母も、公的支援も、全部使って、自分の時間を確保しよう。

II

母と子の冒険、4つの掟

ここでは、「これを押さえておくと、子どもの脳がスムーズに動いて、結局、母が楽」という子育てポイントをお話しする。

子育ては、いのちがけで始める冒険ダンジョン。ゲームの難関ステージに挑戦しているみたいに、毎日、いろんな「うまくいかないこと」が母を襲う。その数を減らすための、魔法アイテムのようなもの。

この4つのミッションをクリアすると、なんと不思議、子育てを楽しんでいるうちに、生きる力満載の英雄脳が出来上がる。男の子も女の子もヒーローになる時代。やがて、彼らは彼らの冒険に旅立っていく。

1. 子育てのキャンペーンコピーをもつ

子育ての目標をことばにして掲げるといい。母の迷いが少なくなるし、子どもを導くことばがシンプルになって、だらだら叱らなくても済むから。

「スカッとしたヒーロー」「何が何でもエリート」「気は優しくて、力持ち」「眩しいくらいのいい女」……なんでもいい。我が家の場合は、「母も惚れるいい男」であった。

というのも、キャンペーンコピーがあると、きっぱりと道を示せる。

子どもも納得しやすくて、話が早いのだ。「それって、ヒーロー（いい女）がすること？」で、さっと動いてくれることもある。

我が家の孫息子には、毎朝、保育園に行く前に、お湯を絞った柔らかい布で顔を拭いて、保湿ローションを塗ってあげるのだが、これをめちゃくちゃ嫌がって逃げ回る。ところが「イケメンの皆さん、イケメン拭きの時間がやってきました」と言うと、なぜか笑いながらやらせてくれるのだ。彼のママの願い「シュッとしたイケメン」が脳に届いているらしい（微笑）。

出産前夜のミステリー

息子は、8月の暑い盛りに、生まれてきた。

あの日は、私が一生で一度だけ、本気で命を投げ出した日だった。この子が無事生まれてくれたら、命さえいらない……何千年の時を超えて、世界中の母たちが繰り返したに違いない、ひとつの祈り。今この瞬間にも、世界中で多くの母たちが、その祈りの中にいるのに違いない。

出産前夜の不思議な感覚を、私は今でも思い出す。

その晩、眠りについた私は、深い眠りに落ちる寸前に、ふと目が覚めた。何か尋常じゃない気配を感じて。霊ではなく、時空の亀裂と言ったほうが当たっているかも。私の枕のすぐ上で、トンネルのような穴が開いた感覚があったのだ。深い深いトンネルだった。私の後頭部のわずか10センチほどのところに、その空間はぽっかりと口を開けた。ごうっという音を聞いた気がした。私の脳裏に浮かんだのは、「死が近くにある」という感覚だった。

しかし、なぜか、私はちっとも怖くなかった。そこは懐かしい場所につながっている気がしたからだ。翌早朝、お産が始まった。

あの感覚は、科学では説明できない。でも、私は、あのとき、あの世とのチャネルが開いたのだと信じている。そこから、息子はやってきた。あるいは、私自身がその近くにいたということか。

宇宙の謎が続々と明らかになる21世紀になっても、いのちがどこからやってきて、どこへいくかの謎は解けない。私は、息子を産んだことで、そこに触れることができた。触れてみたら、とても厳《おごそ》かな場所で、何の不安もなかった。だから、それでいい。いつか、あそこに帰ればいい。科学の証明を待たなくても、私の中に納得が降りてきた。

「いのちがけ」の営みだけが見せてくれるものがある。女たちは、その特権を持っている。だから、世界の果てまで冒険の旅に出なくたっていいのである。母であることだけで、人生は冒険だ。

帝王切開児の脳は未完成？

かくして、母と子は、共に、人生で一番苦しい作業を乗り越える。

と言いながら、私自身は、産道を通るということを免れている。帝王切開児なのである。

30年ほど前だったか、アメリカの産婦人科医が書いた本があった。タイトルか帯にあった帝王切開児症候群ということばに惹かれて、その本を読んだ記憶がある。

その本によれば、帝王切開に至る出産の7割近くが、原因がよくわからないのだという。つまり、へその緒が巻きつくとか、児頭骨盤不均衡とかの明確な原因がないのに、陣痛が長引いているのに子どもが降りてこないケースが多い。そして、帝王切開で生まれた子の過半数がセーターをかぶるのを泣いて嫌がり、閉所恐怖症の発生率が高い。さらに、「ものごとに執着せず、あきらめがいい」などの共通の性格的特徴がある。

つまり、帝王切開に至る原因の第一位は、母体の問題ではなく、「子どもが産道を通ることを拒んだから」だと、その著者は結論付けていた。

その主張が科学的に正しいかどうかは、私には追跡できないので、この際置いておこう。

ただ、産科医のこの実感は、私のケースにはぴったりだった。

私は、小さいときからセーターやシャツを頭からかぶるのが苦手で、ものごころついてからもまだ着せられる度にべそをかいていた。今も、タートルネックの服は着られない。都会の雑居ビルの小さなエレベータに乗れない程度の閉所恐怖症である。

ものごとに執着せず、あきらめが早いのも幼いころからの特徴だ。子どものころから、大切なものが壊れたり無くなったりすると、悲しい反面、どこかほっとする癖があった。執着から解放されるからだ、と言語化できたのは、大人になってからだったけれども。

母にお産の経過を聞いてみると、「陣痛が進んでいるのに、あなたがどんどん上に上がってきて、胃の方まできた。鉗子も使えないくらい、産道から遠かった。原因はわからないけど、このままでは危ないと言われて、帝王切開になった」という。

帝王切開で生まれた知人に聞いて回ると、確かに3人に2人は似たようなことを言う。帝王切開児と言っても、私の弟のように、第一子が帝王切開だったせいで、陣痛が起こる前に帝王切開で取りだされるケースもあり、ひとくくりにはできないのだが、「子どもが産道を通ることを躊躇するケース」はあるような気がする。少なくとも私はきっと、そうだったに違いない。

私は、人生で一度も理想を掲げたこともないし、目的のために何かに耐えたことがない。向上心というのが、まるでないのである。一方で、人生最初にして最大の苦しみをパスできたせいか、楽観主義も甚だしい。だって、一度生きるのをあきらめたのだもの、生きているだけで丸もうけ。向上心はないけど、嫌なことは嫌だと言う潔さと好奇心だけでここまで来たし、今日も幸せに生きている。

というわけで、帝王切開で赤ちゃんを産んだお母さんは、罪悪感を覚える場合があるそうだけど、ぜんぜん気にしなくて大丈夫。赤ちゃん自身が、それを選んだ可能性が高いし、その性格は、生きるのに割と楽である。

脳科学者の中には、産道を通ることで、脳が完成すると言う人もいる。脳は頭蓋骨が変形するほど締め付けられて解放されるという人生最大のクライシスを経験し、噴出する脳内麻薬も人生最大量になるからだ。その話を聞くたびに、「私の脳は未完成ってことかい」と、心の中でつっこみを入れている(微笑)。

まぁ、未完成というなら、未完成でもいい。私は、自分の研究領域で、さまざまな発見ができたのだもの。未完成のおかげなら、未完成万歳だ。

でもね、こういう専門家の一言が、帝王切開児の母親を傷つけることがあるのが嫌。テレビでその発言を聞いた私の母が、私に謝ってくれたもの。娘が40になろうというときに。私は、先の帝王切開児症候群の話をし、「帝王切開になったのは、私のせい。お母さんこそ、お腹を切ることになっちゃってごめんね」と謝った。

回転を止めない

私に比べて、我が家の息子は、潔かった。

何の躊躇もなく、頭で私の子宮口をずんずん押し広げて、陣痛が始まってからわずか3時間半で、つるんと生まれてきたのである。

初産の3時間半は、とても短いらしい。お産の本には、「20分あるいは15分おきの陣痛が何時間か続く」と書いてあったのに、20分の間が空いたのは一回だけ、あれよあれよという間に10分おきになって5分おきになり3分おきになって、これはさすがに変だぞと思って助産師さんに訴えたときには、破水していたそうだ。「先生たいへんです。子どもの髪の毛に触りました」と、大声を出してたっけ。

理系バカの私は、初産なので6時間はかかりますと言われ、本にもそう書いてあったので、かなり痛かったけど、まだだと信じていたのである。世の中はマニュアル通りだと、思い込んでいた。

しかも、傍にいてくれた母に「かなり痛いけど、生まれるんじゃないかしら?」と言ったら、母が「私は帝王切開だったから、ぜんぜんわからない。でも、障子の桟がゆがむくらい痛いって言うわよ」と言うので、部屋中の直線を確かめて「う〜ん、まだ、直線は直線」と言ったら、「じゃ、まだね」ということになったのだった(苦笑)。

ストレッチャーを持ち込む暇もないと言われて、陣痛のわずかな合間に、小走りで分娩室に移動した。なんとか分娩台に這い上がると、医者が「あわてなくても大丈夫。そう簡単には生まれないから。次の陣痛でいきんでみましょうか」と言った、そのいきみで、息子は生まれてきた。心電図かなにかを撮るつもりだったのだろうか、私の脇で、電極パッドを手に持った看護師さんが呆然としていたので、思ったよりかなり早い展開なのだとわかった。

　私もいきみの練習をしていたので、とてもうまかったと思う。出産経験のある友人が、「産道の表面はらせん状になっていて、子どもは産道で何回転かして出てくる。その回転を止めないようにイメージして、いきみ始めたら、お腹の力を抜かずに息を継ぐのよ」と教えてくれたのだった。「ピストルの銃口の筒みたいなものね、らせん状に筋が入っていて、そのおかげで弾がスムーズに飛び出すし、弾道がぶれないのよね。生き物のからだって、ほんっと、よくできてるね」と納得し、とてもよくイメージできたのだ。

　しかし、私たちのお産は、全体には、終始、息子にリードされた感があった。彼がさっさと人生を始めたのだ。

　人生の最初に、産道を通ることに怯えてぐずぐずした私には、彼の人生の始め方は、眩しいくらいだった。はだかの身体を真っ赤にして泣き叫んでいる小さな小さな存在に、私は惚れ惚れしてしまった。その瞬間から、私は彼を尊敬し、一目置いている。彼は、私なんかより、ずっと勇気がある。

子育てのキャンペーンコピー

彼を産んだとき。

彼に、多大な敬意を感じたそのとき。

私は決心したのだった。このまま、息子を、惚れ惚れするような男に育てよう、と。

そこで、私は、さっそく息子に伝えた。

――母も惚れるいい男になってね。あなたのことを愛してる。今まで愛した男への愛をすべて足して百倍しても、あなたへの愛にはかなわないわ。おそらく、人生で一番あなたを愛するのは母だもの、母を惚れさせないで、他の誰があなたに惚れてくれるのでしょう。

母も惚れるいい男。

これが、私たちの育てと育ちのキャンペーンコピーになった。生まれてきた日から、息子は、そのキャンペーンコピーを耳にすることになった。

企業のキャンペーンコピーは、社員やユーザの動機づけのためにある。動機づけがしっかりしていれば、日々の細かいことで互いの合意が得られやすい。事業経営と一緒だと、私は直感的にそう思ったのだが、間違っていなかった。

なぜなら、このおかげで、私は、彼を叱る必要がなかったから。

たとえば、保育園時代、お友だちを我が家に連れてきたのに、おもちゃを貸せなかったとき。「男としてカッコ悪いよ」と言ったら、「おぅ」と返事して、おもちゃを差し出した。

箸がうまく使えないときも、「魚が美しく食べられない男はカッコ悪い」とひとこと言えば十分だった。あとは自分で観察して分析し、やがて、エレガントに魚を食べるようになった。

高校時代、期末試験の前日にバイクで遠乗りして試験がさんざんだったときも「男としてカッコ悪すぎる」とため息をついたら、「すまない」と言って、セルフコントロールするようになった。

ここにおいて、「なぜ、それがカッコ悪いわけ?」という質問は、入り込む余地がない。なぜなら、彼の目標は、〝母も惚れるいい男〟だからだ。母がカッコ悪いと思えばアウトなのである。

美学を伝える

私の父は、どんなときにも、問えば「なぜそれをするのか（しないのか）」を説明してくれた。

私の母は、けっして「ひとさまに後ろ指を指されるから」という理由で私を叱ったことがなかった。娘の言動が自分の美学に反しているとき、それにNOと言ったのだった。日本舞踊の名取だった母は、みっともないしぐさ（空間にそぐわない大声も含め）が何より嫌いだった。

私は、二人のこの方針がとても気に入っていたので、それをもっと合理的に踏襲したのだ。

「母も惚れるいい男になって」と言っておけば、あとは短いことばで私の美学を息子に伝えられる。しかも「なぜそれをするのか（しないのか）」が「カッコイイから」と「カッコ悪いから」の二通りですむから、とても楽なのだ。

育てと育ちの方針を、わかりやすいことばでキャンペーンすること。そのとき、世界を股にかけて活躍する大人の彼（彼女）を想定すること。これが、キャンペーンコピー開発のコツである。

「お友だちに優しい子」とか「誰にでも好かれる子」みたいな、世間受けのいい〝いいこちゃん〟をイメージするのはＮＧだ。評価軸が「世間」になって、他人の目を気にして生きることになっちゃうから。

思いつかなければ、私のキャンペーンコピーを真似してもらってもいい。男の子にはとてもよく効くし、女の子に「母が惚れ惚れするような、いい女になって」と応用してもいいはずだ。あるいは「凛とした女子」とか。

子育てにゼロリスクはありえない

親の思い込みでいいの？　もちろん、いいのである。

結局のところ、どんな子も、親の思い込みで育てられることになる。トップゴルファーや天才棋士は、幼児期からゴルフや将棋を習っている。成功した場合はいいが、そうじゃない場合は、バレリーナや宇宙飛行士になる可能性をつぶされたかもしれない。

早期教育も、ときには、脳の可能性をつぶす。たとえば、アインシュタインのような世界をひっくり返す物理学の新法則を思いつく脳や、パーソナル・コンピュータという世界を拓いたスティーブ・ジョブズのような世間の度肝を抜くような新発想をする脳は、放っておかれた脳からしか出ないはず。しつけや優等生教育で、脳が好奇心の信号を発する前に、先に先に正解を教えてもらって育つと、「想定どおりの答えを、素早く正確に出すこと」が脳のミッションになってしまうから。

脳が自発的に欲する前に、大人が要領よく知識を与えてしまうと、好奇心が育たない。脳が失敗して痛い思いをする前に、大人が安全な正解を渡してしまうと、脳はセンスを培えない。しかし、優等生脳を促成栽培することはできる。「導かれて、教わる」ことで、脳は「世間が目論む、いい脳」に誘導されるのだ。ただし、世間をあっと言わせるような発見は、その脳からは出てこない。天才は、それとはまったく逆方向の、変わった配線構造の持ち主なのである。

とはいえ、優等生にしたかったら、早期教育を受けさせたほうが手っ取り早いし、エリートになる確率も上がる。自分の子の脳が『役に立つ天才脳』かどうかなんて、最後までわからない。ならば、安全策を取るのも一つの戦略。いずれにしても、親が思い込みで進めるしかない。

私自身は、この世にたった一つの脳として生まれてきた息子に、彼にしか見えないものを見てほしいと思ったので、彼を放っておくことに決めた。早期教育は一切しなかったし、学習塾にも通わせたことがない。

小学校時代には優等生からは程遠く、中学お受験に戦々恐々としていた同級生のお母さんたちから「くろちゃん見てるとほっとする〜。こんなんでも生きてていいんだって思えて」と言われる始末だった（苦笑）。

しかし、その後淡々と学業を修め、憧れだった自動車の設計開発エンジニアを経て、現在はわが社のコンサルタントとして新領域を拓いている。冒険心も読書量も半端なく、ビジネスセンスもあるので、やがてもっと大きなステージに乗り出していくのだろう。プライベートでは、愛してやまない伴侶に、心から敬愛されている。

彼を放っておくと決めたのは、ある意味一か八かの勝負だったが、とりあえず、この勝負には勝ったみたい。でも、ゼロリスクだったわけじゃない。

脳科学上、子育てにゼロリスクはありえない。

脳というのは、何かを選べば、何かを捨てることになり、何も選ばなければ、何も育たない。「あれも、これも」はありえない。

脳は「捨てる」ことで成長していく

脳神経細胞ニューロンの数は、生まれ落ちたその瞬間が、人生最多数なのである。そのニューロンは、3歳のお誕生日までに、急速に数を減らしていく。一方で、それらをネットワークする神経線維の数は劇的に増えていく。

ニューロンは、認知のために使われる細胞だ。つまり、外界を感じる能力は、生まれてきたときに人生最大なのである。地球のどこに生まれても、その環境を感じ取ることができるように。しかし、感じすぎる脳は、ものごとの判断がつきにくい。このため、要らないニューロンを捨てていくのが、人生最初の脳の進化なのだ。

感じすぎる脳は判断がつきにくいという例をあげてみよう。たとえば、ことばの音。

2歳半くらいまでの幼児は、世界中の母音を発音することができる。フランス人がフランス語を目の前で発音すれば、あの、日本人の大人がなかなか発音できないauoの中間みたいな母音を、いとも簡単に発音してのける。

しかし、あらゆる母音を認知してしまうと、ことばが聞き取れないのである。私が「クロカワです」と名乗ったとき、日本語の使い手が、私の名が4文字であることを即座に認知できるのは、耳から入ってきた音声をaiueoの母音で潔く刻むためだ。これが10種類以上の母音を認知する脳が聞けば「くぅろぉぅかぁぅわぁ」のように聞こえる。母音は連続音なので、ウ段音からオ段音への変化の間に、中間母音が現れるからね。このため、とっさに4文字の苗字であることが認知できないのである。

頑張れば、クロカワを塊のまま認知することはできるけれど、音節に分けられないと、音声情報をブロック分けできないので、クロカワとクロキ、クロカワとシラカワの共通点をくりだして上位概念「クロ」「カワ」を作ることができない。先頭音がクジラの先頭音と同じであることも、わからない。これでは、ことばの関連記憶を作ることができないので、膨大な数の音節を無関係で記憶していかなければならず、認知速度が極端に遅くなることが予想される。そして、音の最小単位をくくりだすことができなければ、文字にすることは、ほぼ不可能である。

つまり、脳は、認知する母音種を絞らなければ、日常生活の対話について行けるだけの音声認識の速度を出すことができないし、上位概念が作れないので、思考力を育てることができない。赤ちゃんは、母語（人生最初に獲得する言語）の母音に脳を特化していくことで、言語を獲得し、思考力を手に入れるのである。

ちなみに、日本語以外の多くの言語は、単子音（母音とくっつかない子音）も多用するので、音節の刻み方が、日本語よりも複雑になっている。

子どもたちは、何でも感じる脳で生まれ、生まれたその日から口移しにことばを獲得しはじめる。やがて「とっさに感じる発音」を絞り込み、自分が一生使っていく音韻体系を脳に構築する。2歳半くらいまでは、口移しにネイティブのように発音できるのに、それ以降難しくなることから勘案するに、この絞り込みが2歳半くらいで確定していくのだと思う。

この絞り込まれた音韻体系こそが、一生の感性や思考に、大きく影響を与えるのである。

母語は、脳の感性に大きく関与している

たとえば、言語ごとに聴こえる音の周波数帯が微妙に違っているので、脳がとっさに拾う音も違う。バイリンガルの友人は、英語圏に行くとき、一番大事なのは英語の音域に耳を慣れさせることだと教えてくれた。K、S、Pなどの子音清音を単体(後続の母音なし)で発音すると、かなり高い周波数になるので、日本語に慣れている耳では聞き取りにくいのだそうだ。「耳の周波数帯のチューニング」が違うってことは、たぶん、言語以外の音、たとえば自然界の中から拾う音も違うってことではないだろうか。ヒグラシのカナカナカナという鳴き声に、日本人の多くは寂寥感を覚えるが、あれが耳障りで耐えられないという英語ネイティブも多いと聞く。蝉の羽音の高い周波数を拾って、うるさいのかも。

聴覚だけにとどまらない。母音でリズムを刻む日本語の使い手や、音節の最後が母音で終わり、その終端母音が、主格や名詞格によって変化するイタリア語の使い手は、発音す

る際にも音声認識する際にも、脳が強く母音を意識する。これに対して、子音のブレスコントロール（息の制御）でリズムを創り出すドイツ語や英語の使い手は、子音を強く認識する。

母音は、口腔を縦にコントロールする言語なので、母音を意識する言語の使い手は、食べ物の歯ごたえにこだわる傾向にある。イタリア人がアルデンテにこだわるのも、日本人がご飯や麺類の歯ごたえにこだわるのも、母語の影響である可能性は高い。

日本語は、心象風景をそぞろ歩くようにことばにできる

大量の息をリズミカルに使って、強い子音を連続で発音する英語やドイツ語の使い手は、規則正しく発音しないと、情報の質を保てない。母音はいくらでも間延びできるし、日本語には母音で拍を刻むという約束があるので、日本人はいきなり「クリースゥマスー」と発音されても、これが変則的に発音されたクリスマスだとわかる。英語やドイツ語では、リズムとピッチにあまり自由度がなく、発音し始めたら、ためらう間もなく、さっさとし

ゃべらなければならない。

「母音で拍を刻む」という約束が徹底しているおかげで、勝手な間延びが許される日本語は、その影響で、構文もかなり自由である。このため、日本語の使い手は、頭に浮かんだ光景を、心の赴くままに口にすることができる。結論は話しながら降りてくるのである。

「私が今朝、公園で見つけた赤い野球帽、ベンチに置いてあったやつ、あれ調べたら、近所の少年野球チームの帽子だったみたい。この町に、少年野球チームがあったなんて知ってた？　それがけっこう強いらしくてさぁ」のように。

その発音特性から言えば、どうしたって、英語やドイツ語の使い手は、頭に浮かんだ光景を散文詩的にだらだらつなげていくのは難しいはず。おそらく、「私は、今朝、公園で帽子を見つけ、それが私を、優秀な少年野球チームに導いてくれた」のように、結論に向かってよどみなくしゃべることになるのではないだろうか。

それぞれの言語に、それぞれの美しさと利点があると思うけれど、私は日本語の持つ、心象風景を、そぞろ歩くような速度でことばにできる情緒性を、こよなく愛している。その脳だからこそ生み出せる独自の世界観と、優しさがあるはずだから。数学や物理学、ファンタジーなど、現実空間とは違う世界観を創生するのに長けているに決まってる。その証拠のように、ノーベル物理学賞の数が多い国だし、アニメや漫画で世界を牽引している。私は、息子が、私と同じように、お米の炊き加減にこだわり、そぞろ歩くように会話をしてくれることを望んだし、息子が紡ぎだす、独自の世界観を見てみたかった。だから、私は、早期の外国語教育をいっさい考えなかった。

外国語教育をいつはじめるかは、母の気持ちで決めればいい

子どもの母語を何に決めるか。その母語の体験（あらゆるシーンで聴いたり、話したりすること）を、どれだけ充実させてやれるか。それは、親のプロデュースにかかっている。

私は、母親がそれを決めればいいと思っている。「日本語でしっかり育てよう」もあり、「ネイティブの先生に英語を習わせて、プチバイリンガルを目指す」のもよし、「両親の母語が違っていて、ミックスで育つ」もあり。私は、親のしたいようにすればいいと思う。ミックスすれば、日本語脳の情緒性は薄れるかもしれないが、合理性を手にしてタフに

なれるだろう。ＡＩ時代に「脳の独自性」はとてもアドバンテージになるので、下手にミックスしないほうがいいという考え方もあるし（私はそれ）、合理的でタフなほうがやっぱり世界で活躍できるでしょ、という考え方もある。

言語に限らず、脳が可能性を劇的に捨てる進化は3歳までに行われるので、そのプロデューサーは母親ということになる。母親は、子のために何かを選び取り、他の可能性を捨てる。

日本人は勤勉なので、しないことのリスクばかりが気にかかる傾向が強い。小さな子を持つ母たちは「早く○○しないと、○○できない子になる」と焦りまくるが、脳科学的には「早く○○したから、○○できなくなる」リスクのほうが深刻だったりする。つまるところ、どちらを選んでもリスクがあるのだ。

子育てにゼロリスクはありえない。「早くから始めることで功を奏することもあるけど、子どもの脳から好奇心を奪い、可能性をつぶすこともある」と知れば、ママ友の「赤ちゃんのうちから英語を習わせなきゃ、ネイティブみたいにはしゃべれない」なんていうことばに翻弄されなくても済むんじゃないかな。それはたしかにそうだが、別にネイティブみたいにしゃべれなくてもよくない？　という視点だってあっていい。

何をして、何をしないべきか。これはもう、子の脳によって千差万別。親との縁で紡ぎだす運だ。悩ましいことだが、思い出して。子は、その人生の最初に母を選ぶのである。母を信頼し、人生をゆだねたのだ。


だから母たる者は、覚悟しなければならない。きっぱりと、子に道を示さなければならないのである。ママ友の「〇〇しなきゃダメになる」に動じることなく、自らの魂に響いたものだけを子に与える。キャンペーンコピーは、その覚悟を決める一言である。

動機づけはなぜ大事か

この節では、育てと育ちの動機づけキャンペーンコピーを持とう、という話をした。

脳は、動機づけによって、合理的かつエレガントに知的概念を手に入れることができる。よく「一を聞いて十を知る」と言うが、動機づけがしっかりなされている脳は、それがしやすい。

ただ、厳密には、脳は「一を聞いて十を知る」ことはできない。知識を切りだすには、複数の具体例を入力しなければ、事例の共通性を見出すことができず、上位の抽象化概念モデルを作れないからだ。

脳は、体験を知識に換えるとき、N個の具体例から共通事象を見出して、N＋1番目の新案件に対応できるルールを作りだすのである。

このとき、動機づけがあるかないかでは、脳の対応速度が圧倒的に違う。

たとえば、何も知らされずに知らない場所に連れて行かれ、知らない人から無言で「ばけつ」「ひしゃく」「はさみ」を渡されても、私たちは「???」となるばかり。「ベランダのハーブを手入れするのよ」と動機づけがあって、それらを渡されれば、「水はどこで汲むの?」と第4の条件を口にできる。そのシーンだけを見れば、後者の対応をした者の方が頭がいいように見えるが、要は、動機づけの違いだけ。

育ちも学びも、同じである。

しかも、脳の吸収力が高い、人生最初の数年の間に動機づけをしてもらえば、かなりのアドバンテージになる。頭がいいと言われるのなんか、意外に簡単である。

なぜ人は学ぶのか

子育てキャンペーンコピーは、人生全般にわたる動機づけだ。我が家の息子は、よきもあしきも「母も惚れるいい男」で生きていくことになる。

彼が赤ちゃんのときには「その独断、どうなの？」と言われることもあったけど、大人になった今、お顔はイケメンというタイプでもないのに、私の友人たちに「なぜか、惚れ惚れする」「なんだか、カッコイイ」と言われている。若い女性の評判はよく知らないが、少なくとも彼の妻は、一緒に暮らし始めて7年経った今でも、彼を「カッコよすぎる」と言ってくれる。ことばの愛情表現が豊かで、エスコート力と冒険心が半端ないからね。私が望んだそのままの仕上がり（微笑）。

私たちの場合、もう一つ、だいじにした動機づけがあった。なぜ人は学ぶのか、である。親の立場やモチベーションによっては「医者になる」のような具体的な目標もあるだろうし、それはそれでいいと思う。結局、親の器の上で、子どもは育っていくことになるのだから。親に金の器があって、それを差し出せるなら、それもいい。

私自身は、息子に、もう少し自由な枠をあげたかった。アインシュタインのような科学者にも、本田宗一郎のような事業家にも、ウォルト・ディズニーのような表現者にもなれる道。なので、小学校の入学式の後に、彼にこう伝えた。

「ゆうさんは、これから、たくさんのことを勉強することになる。算数、国語、理科、社会、音楽、体育……気が遠くなるよね。でもね、すべての教科は、たった一つの目的のためにあるの。それは、問題解決力のため。大人になるってことは、問題を解決する力を身につけるってことだから。

たとえば、数学（小学校では算数って言うけど）は、数字の世界のなぞ解きを教えてくれる。これは脳の中で、分類とか抽象化の能力を育てて、現実の世界の出来事を整理するのにとても役に立つようになるわ。習っているうちは、何に役に立つのかよくわからないこともあると思うけど、脳の問題解決力を育てるの。他の教科も全部そう。

やがて、ある人は数学の世界観で、またある人は音楽の世界観で、世の中が見えるようになり、問題解決をしていくようになる。ただ、小学生のうちは、何があなたの役に立つかわからないから、全部、やっていくの。わかった？

人は、問題解決力を手に入れるために学ぶ。すべての教科が、まったく違った方法で、それを教えてくれるわ。あなたが大学院まで進むなら、20年近い勉強生活が待っているけど、問題解決の方法を知るのは、ほんと楽しいよ。どうか、存分に楽しんでね」

6歳の彼には、理解できない語彙もたくさんあったと思う。けれど、私は、心に浮かんだ言葉をそのまま伝えた。なぜなら、6歳の脳は、たとえその場で理解できなくても、大人のことばをそのまま記憶できるし、多くの場合、そのことばを発した人の心模様と一緒に脳にしまうのである。

これから長い「学問の旅」に出る彼に、私は、わくわくする気持ちで、そのことばを伝えた。私の冒険心を添えて、そのことばを贈ったのである。彼が、ファンタジーの冒険の旅に出るかのように、学問の旅に出られればいいなと思って。

いつもは質問屋の彼が、そのときは一切質問をしなかった。「わかった」とだけ言った。たぶん、母の気持ちが理解できたので、ことばの意味はどうでもよかったのだろう。

高校生のとき、息子が「ハハは、大学を卒業した後、微分とか積分とか使ったことがある？」と質問してきたことがある。

「人工知能のエンジニアだから、多少の数値解析はやってるよ。まぁけど、普通は一生使わないわね」と彼の質問の意図を汲んで答えたら、「だろう？　一生使わないのに、なぜ、やらされるんだ、無駄じゃね？　って、クラスで話題になったんだ」と微笑んだ。「そのセリフは、私が高校生のときもクラスのみんなが言ってたし、おそらく100年前の学生だって言ってたわ」と笑いながら「あなたも無駄だと思う？」と聞いてみた。

彼は、「いや。興味深い」と答えた。私は「興味深ければ十分。微分は、この世の森羅万象を抽象化する手法の一つだし、積分は、ものごとの総体をつかむ手法の一つ。一生使わなくても、こんな美しい考え方を見られただけでもいいと思わない？」と応じた。

息子は、「そう思うよ。何かを解決するよね」と笑った。

勉強は、問題解決力のためにある。小学校入学のときに贈ったそのことばを、私はその後再び言ったことはないのだが、高校生になった彼の口から、ほろりとこぼれたのである。私は、10年前の自分のセリフが、彼の脳の中で真珠のような核を作っているのを知った。

子育ての醍醐味はここにある。

未知の脳をプロデュースする楽しい大役を、親はもらうのである。親のことばのいくばくかは、子の脳に沈んで、やがて、静かに照り輝く。それは、世界を照らすかもしれないし、孫から曽孫へと受け継がれて、私が死んだ後の遥かな時代まで行くのかもしれない。別に知的でカッコイイことばじゃなくたっていい。親の実感を伝えればいい。

医者と弁護士にだけはなってはいけない？

私の父方の祖父は、面白いことばを子孫に残した。「おれの血を継ぐ者は、医者と弁護士にだけはなってはいけない。人の醜いところばかりを見て生きるのには耐えられない血筋だ」

私が進路を決めるとき、父がそのことばを教えてくれた。私が生まれる4か月前に亡くなった祖父に私は会ってはいないが、そのことばひとつをもって、祖父の存在感は大きい。なんて、面白い男なのだろうと思った。そして、きっと、優しい人だったのだろう。

息子は保育園の卒園式のとき、「僕は、将来、○○になります」と宣言しなければいけなかった。息子が「将来、何になってほしい？」と聞いてきたので、祖父のことばを伝えた。

人の思いに深く寄り添う傾向のある息子は、そのセリフを言った私の祖父に、一番似ているような気がして。

医者も弁護士も、この世に必要な大事な職業だが、それになりたい人がたくさんいる以上、私たちの血族がそこに手を出すこともない。私たちは、ものごとを生み出す幸せな現場にいよう。その後、息子は大学で物理学を学んだ後、自動車設計の会社を経て、私の会社に来てくれた。私なんかよりはるかにセンスのいいネーミング・デザイナー（商品などの名づけをするコンサルタント）である。

子どもの人生の動機づけは、親がする。きっぱりと、そう決める。

自分が子どものプロデューサーだと覚悟が決まれば、子育ては、人生最高のプロジェクトになる。キャリアアップの間に、夫と押し付け合ってするものじゃなく、ママ友のマウンティング合戦に勝つためのものでもなく。

あ〜、そうだ。私は子育てキャンペーンソングも作っていた。今思えば、ポスターとかも作ればよかったな。息子と二人で「母も惚れるいい男」のイラストを描いたら、楽しかったに違いない。

2. 愛はことばで伝える

二つ目のポイントは、愛をことばで伝えること。

ことばにしなくても、愛された記憶は、たしかに脳の中にある。たとえば、私の脳の中にも、「小学校5年生の夏、おたふくかぜで高熱を出した私を背負って、父が診療所まで歩いてくれた記憶」があった。父の広い背中と優しい声、さらさらと流れる用水路の水の音、私たちの周囲を飛び交うホタルの淡い緑の光がなんとも幻想的だったこと……ただ、その思い出は、大人になってから、ふとしたことで浮かんできた記憶である。

こういうイメージの記憶は、脳の奥深くに、感性記憶としてしまわれている。感性記憶は、何かの拍子にふと表出することがあるのだが、「思い出そうとして思い出せる」類いの記憶ではない。私はこの世に生まれてきたかいがあったのだろうか、誰かに愛されたのだろうか——そんな自問自答の際に、的確に浮かぶ記憶の形式をしていない。

これに対し、ことばの記憶は、検索に引っかかりやすい。自分を見失ったとき、親の愛のことばが救ってくれることがある。

生まれてきても、よかったの？

私の父は、息子に夢中だった。私の弟である。

弟は美形で、頭もすこぶる良かった。私は、2歳違いの弟に、オセロやカードゲームで勝てたことがない。幼いときの2歳差は、圧倒的なアドバンテージなのに。父の期待が、弟に集中したのも無理はない。

そもそも父は、母のお腹に私がいるとき、「女のような無駄なものが、俺に生まれるわけがない」と豪語して、男の子の名前しか考えず、「女の子だったら、どうしよう」と母を困惑させたらしい。その不安通りに女の子が生まれて、父は泡をくったらしいが、どうやら期待は第二子に回して、「どうせ嫁に行く女の子」はかわいがることに決めたらしい。私には、ひたすら甘い父だった。弟は、すべての期待を背負うことになり、彼なりに過酷だったと思うが、私は私で、父にとって必要なのは弟だけだと思って育った。

その父が、私の息子が生まれたとき、「おまえが生まれたときを思い出すなぁ」としみじみと言ったのだった。「初めての子だったから、何もかもが鮮明だ。本当に嬉しかったなぁ」

「お父さん、私が生まれて、嬉しかったの？」と思わず尋ねた私に、「当たり前だろう」と父。私はびっくりして、それから胸がいっぱいになった。私の脳の中では、オセロゲームの終盤の大転回みたいにパタパタと、何でもない記憶が愛の記憶に変わっていく。無関心なのではなくて、おおらかにゆるしてくれたのだ。あのことも、あのことも。

ことばとは、本当に不思議なものだ。父が愛を伝えてくれたおかげで、私の30年の人生が、あらためて愛で包まれた。

母に聞いてみたら、「あ〜、お父さんね、生まれる前はあんなに男の子しか要らんと騒いだくせに、生まれてみたらかわいかったらしくて、やっぱり持つなら娘だ、とか言って自慢して歩いてた」と言う。だったら、そこまで言ってよ、と、心の中でつぶやいた私。女の子は要らないと母を不安に陥れた話しか聞いたことがなかったのだもの。母にしてみれば、これだけ甘やかされているんだから、そこはわかってるでしょ、ということだったらしい。

いや、ぜんぜん、わからなかった。

というわけで、息子をかいなに抱いた私は、「愛は、やっぱりことばにしなきゃ伝わらない」としみじみ思ったのであった。

赤ちゃん期に、目の前の柔らかい筋肉の動きと温かい息と共に与えられたことばは、脳の深層に残る。だから、今この時点で意味を理解しなくてもいい、と私は思った。かくして、私が明日死んでも母の愛が残るように、私は生まれてすぐの息子に愛を語ることにしたのである。

愛のことばは、いつから始めてもいい

愛を伝えること。——それは、生涯、子を支えることになる。

生まれてすぐからをお勧めするが、いつからだって間に合う。31歳の子持ち娘だって、父親があらためて愛を口にすれば、人生が変わったのだ。

特に13歳から15歳までの子ども脳からおとな脳への移行期は、脳が不安と困惑の中にいる。脳が変化期にあたり、各種機能の整合性が悪くて誤作動するので、本人の目論見どおりに動かないのだ。このため、脳は自分自身への信頼を失い、自己肯定感が地に落ちる。

この時期、親の愛のことばと共にいれば、かなり楽に過ごせる。親は愛を伝えなければならない。

子ども脳からおとな脳へ変わるとき

ヒトの脳は、12歳から13歳の間に大きくスタイルを変える。パソコンのＯＳが替わるようなものだ。

12歳までの子ども脳は、感性記憶力が最大に働く。感性記憶とは、文脈記憶（行動やことばの記憶）に、匂いや触感、音などの感性情報が豊かに結びついている記憶のこと。

12歳までの記憶は、それを想起したとき、感性情報が強く蘇ることがある。たとえば、小学生の夏休みに、田舎のおばあちゃんの家で昼寝したことを思い出したとき、雨上がりの竹藪の匂いが鼻の奥にふんわり広がったりする。あるいは、観光地に連れて行ってもらったことを思い出した瞬間、その日、口に入れていたキャンディの味を思い出したり。

つまり、子どもたちの脳は、ことの成り行き以外に、五感が受け取った感性情報も丸ごと記憶していくのである。これらの感性記憶が、後の人生の発想力や情感の豊かさを決めるので、とても大事な記憶形式なのだが、これには欠点がある。一つ一つの記憶容量が大きすぎて、人生すべての記憶をこの形式で脳にしまうのは不可能だということ。さらに、大きな塊なので、検索に時間がかかり、とっさの判断には使いにくいということ。

このため人類は、脳を、成長の途上で、もっと要領のいい形式へと進化させるのである。何かを体験したとき、過去の記憶の中から類似記憶を引きだしてきて、その差分だけを記憶するような形式である。これだと収納効率が圧倒的にいいので、「新しい事象」をどんどん覚えられる。

さらに、過去の類似記憶との関連性をタグ付けして記憶していくので、関連記憶を引きだすのに長けている。この形式の脳だと、「人生初めての体験」に遭遇しても、過去の類似体験を使って、すばやく対応することができる。

12歳から13歳の間に脳に起こる変化は、とてもとても劇的なのである。13歳から15歳までは、この新しいOSに慣れるための移行期に当たる。同時に、分別や忍耐を司る脳の前頭前野の発達期でもあり、社会の中に潜む悪意にも出会い始める時期である。

思春期は、不安定な脳で、社会性に目覚めるとき。さながら、蟬が幼虫から羽化して、柔らかく透明な羽で、おずおずと飛び立つときのごとく。

まだ家族に守られているにもかかわらず、脳は「一人ぼっちで世界に立ち向かう」ような気になっている。このとき、親に愛された自負は、自尊心の核となる。これがあれば、人は、そう簡単に自分を貶めるような行為には走れない。

子どもたちの脳に、美しい真珠のような自尊心の核をあげよう。この世のすべてが彼・彼女を否定しても、絶対に消えない存在意義を。「あなたが生まれてきて、本当によかった。あなたに出会えたことが、母の人生で最も尊く、愛おしいこと」と。

というわけで、「ことばで愛を伝える」が、この時期の子育ての最大のテーマだ。「勉強しなさい」「部屋を片付けなさい」なんて言っても、何の役にも立たない。そんな小言を言う暇があったら、愛を伝えてほしい。

あなたに会えて本当によかった

ちなみに、我が家では、生まれたその日から愛を伝えてきたが、13歳の誕生日にも、あらためて、それを伝えた。「あなたに会えて、本当によかった。私の息子は、あなたでしか、ありえなかった」と。

他人同士で出逢っても、私は彼に興味を覚えただろう。母親であることは、本当に面白い。

彼は、嬉しそうに微笑んだ後、「でもなぜ？」と質問してきた。

「運動ができるわけでもない、成績がいいわけでもない、お片付けもできない。なのに、なぜ？」

「そんなことに、嬉しそうになぜ？　と聞いてくるからよ」と、私は笑った。「誰もが納得する正解を、誰よりも正確に、誰よりも早く出してくる、聞き分けのいい優等生が欲しかったら、私は人工知能で作るからいい。そんなのは、人工知能が得意なことだもの。いつも、予想をはるかに超えてはみ出すきみに、わくわくする」

それは、人工知能エンジニアの母親としての、素直な感想だった。

とはいえ、その後、「彼が生まれてきてよかった理由」をちゃんと考えて、リベンジした。

「あなたは、観察力が群を抜いている。誰にも負けない」と。

思春期の子どもは、手ごわい。「どうして？」と聞かれたときの答えも、用意しておくといいかもしれない。

思い出は食い違う

おとな脳のほうで、余談がひとつ。

過去の類似事象に照らして、今の事象に意味づけをするおとな脳の記憶は、多かれ少なかれ「思い込みのねつ造」になる。人によって、認知の際に引きだしてくる類似事象が違うので、記憶の形式が違えば、想起の仕方も違う。

したがって、同じ記憶が夫婦で食い違うのは、当たり前のこと。こっちが大事にしている愛の記憶を、相手がスルーしていることもままある（お互いさまだけどね）。そんなことで、相手にムカついてもしょうがない。思い出の食い違いは、「この人の脳にはそう映ったんだ。へぇ〜」と楽しんでしまうことだ。

これに比べて子どもたちの感性記憶は、あまり捻じ曲げられることなく、素直に脳に書き込まれていく。そして、生涯にわたって、感性のベースになるのである。

その心象風景の源となる記憶の周辺に、愛のことばをちりばめておきたい、と私は思ったのだった。だから、息子が生まれてきたその日から、「愛してる」「生まれてきてくれて、嬉しい」と囁きながら育ててきた。生涯にわたって、感性記憶を引きだしたときに、彼が母の愛に包まれるように。ほんの一瞬も、愛の迷子にならないように。

愛しすぎて、ダメになる?

そんなに溺愛して、ダメな子になっちゃわない? そう心配する人もいる。

大丈夫。成長期の脳に愛を伝えることで、その脳をダメにすることはありえない。愛もまた、学習しなければ作られない神経回路構造の一つである。聞いたことのないことばがにわかにはしゃべれないように、愛されたことがなければ、愛することはできない。愛された記憶は、愛する力の源になる。愛ある者は、常に強さと工夫力に富んでいる。

ただ、愛するあまりに過保護にすると、確かに、一般に言うダメな人間になってしまう可能性がある。失敗を奪ってしまうケースだ。

脳は失敗をすることによって、知恵やセンスを培う。歩き始めた子にとって大事なのは、転ぶことだ。動物は、行動に失敗して痛い思いをすることによって、身体制御の限界を脳にフィードバックする。つまり、失敗によって、身体制御の真髄を知るのである。親が失敗を怖れて、手を添えすぎてしまうと、運動音痴や手先の不器用な子になってしまう。

同様に、本人が興味を覚える前に英才教育を始めるのも、脳の機会損失の一つ。自分で工夫する前に、勉強の技術を学ばせると、てっとり早く成果は出せるものの、気づきと工夫の神経回路が作られない。「先へ先へ」の親心が、子の脳から発想力を奪っていく。やがて試験の成績はいいが、仕事は「指示待ち」、デートにも工夫がなく、会話にもパンチがないから恋人に飽きられる、なんて脳になってしまうことも。

もちろん、本人も興味を覚えて、好奇心に目を輝かせて楽しそうなら、英才教育も、脳に有効な遊びのうち。そこを見極めてあげればいいのである。

ただし、子どもの出来がよくて、早期英才教育をガンガン前進できる、幸運なママには、ひとつだけ注意してほしいことがある。子どもより有頂天になったり、子どもよりがっかりしたりしないであげてほしい。母親の感情が乱高下すると、子どもが「うまくいくこと」に固執し、失敗に怯えるようになる。承認欲求が強くなって、成果主義に陥り、就学年齢に達したころには、勉強が楽しめなくなることがある。

子どもの脳の好奇心を萎えさせず、自ら考える能力を高めるには、「褒めるより、認める」が正解。「すご〜い！」よりも「できたね」「よかったね」がいい。できなかったときは、「そんなこともあるよね」と飄々としていてほしい。

もちろん、幼子が成長の階段を確実に上ったとき（たとえば「ひとりでお着替えできた」のような）に関しては、大げさに褒めてあげていい。教育システムの評価機構の中で、あるときは有頂天、あるときはがっかりの落差が問題なので。

エナジーバンパイア！

おとな脳には、認知に使う類似事象に、強い傾向が出る脳もある。たとえば、猜疑心が強くて、他人の好意を悪意に変えてしまう脳の持ち主がいる。誰かが誰かのことを「純真なひと」と言ったのに、「あのひと、あなたのことを無神経で子どもっぽいって言ってたわよ」と言い換えてしまうような。

わざとやっているのなら、まだ罪が軽い。悪意は、しぐさや声からある程度感知できるので、言われた側は身を守れる。しかし、脳にネガティブ射影傾向がある人には、もともとそう〝聞こえる〟ので、厄介なのだ。何の躊躇も迷いもなく、それどころか親切心で、まことしやかに（その人にとっては真実だからね）そのことばを口にして、周囲の人々の気持ちを萎えさせていく。

スピリチュアルの世界では、こういう脳の持ち主をエナジーバンパイアと呼ぶのだそうだ。エナジー（エネルギー）を吸い取り、人の運気を下げる人。当然、本人の運気も「実力に対していまいち」になりやすい。上司や部下を萎えさせて、組織を壊してしまうからだ。

子どもをエナジーバンパイアにしないために

エナジーバンパイアのような脳のとっさの感性傾向は、多くは子ども脳時代の感性記憶に起因する。

子どもをエナジーバンパイアにしないために、親は、子どもの前で、陰口をきかないことだ。人の前ではいい顔をしながら、陰で悪口を言うような行為を子どもの前で重ねると、当然、子の脳に猜疑心を植え付けることになる。「人は、笑顔の陰で、悪意のあることを考えている」という認知ベースを作ってしまうからだ。

人を萎えさせるような口をきく人に罪はない。親がプログラムした通りに脳が動いているだけのこと。しかし、罪はなくても、なかなか思い通りにならない、孤独を感じる人生を生きていくことになってしまう。対人関係で緊張感が強く、いざというときに実力が発揮しにくいのが、こうした脳の持ち主の傾向でもある。

悪意を知るのは13歳以降でいい

自分が陰口をきかないだけではなく、子どもが、他人の悪意のあることばにさらされたときも、愛のことばに言い換えて、子どもを守ろう。

私は、息子に対する学校の先生のことばに悪意を感じたことがあった。息子は先生運のいい子で、素敵な先生に次々に出会い、心に残ることばをいくつももらって大きくなってきた。とはいえ、稀に悪意のある言葉に出会うこともある。先生も人間だから、好き嫌いがあるのだろう。

そんなときでも、私は、彼が子ども脳のうち（12歳まで）は、先生の悪口を言わなかった。「先生は、あなたに期待してるのね。身体が大きいし、思考力があるから、ついおとな相手のような気持ちになっちゃうんだわ。できる男は、つらいわね」というふうに、ポジティブな解釈に変えたりして。

「この世に悪意がある」なんてことは、おとな脳になってから気づけばいい。とっさに使う感性の領域を養う子ども脳時代には、無邪気でいられたほうが絶対に得だ、と思ったからだった。

大人になった息子は、異国の人たちともおおらかに触れ合うし、年長のＶＩＰ相手に臆することがないし、大舞台にも緊張することがない。これはなかなかのアドバンテージである。行動範囲と人脈がとても広いので、親の私もびっくりしてしまうくらいだ。

おとな脳への移行期には、悪意の存在を認める

10代の前半は、分別や社会性を担保する脳の部位、前頭前野の発達期に当たる。この時期は、「そうはいっても」という思考展開を手に入れていく。この世の不条理を知り、それでも乗り越えていくタフさを身に付けて行くときだ。

この時期には、社会の悪意にも触れる必要がある。これから、親の手を離れて、過酷な現実の世の中を生きていくために。

中学の３か年は、戦争や殺人や理不尽な挫折など、この世の不条理に触れた小説（純文学だけでなくミステリーやファンタジーも含む）を読むべきだ。自分が日常触れるレベル

を遥かに超えた悪意の存在を、まずは客観で知ってほしい。自分に起こることとして、主観で知る前に。実際の悪意に触れたときの、守りになるから。

13歳を過ぎたら、親も子の前で、人には悪意もあることを認めるべきだと私は思う。「たしかに、その発言には悪意があるね。あなたは、そんな言い分を真に受けなくていい。傷つく必要もない。その発言の目的は、あなたの気持ちを萎えさせることなんだから」と一刀両断にしてもいい。その相手の品性の低さをなじってもいい。

悪意を認めなければ、悪意にどう対処していくかを、子どもと共に考えることはできない。

この期に及んで、この世に悪意がないかのように振る舞ったり(「相手にも言い分があるのよ」)、小言にすり替えたり(「あんたも人にそんなことをしないように気をつけなさい」)する親は、悪意を隠匿して、子どもが心の守り方を学ぶのを妨げていることになる。

社会の悪意について語り合おう

しかし、思春期の子どもたちは、自分に起きたことを親に話すのが難しい。脳が誤作動し、動作が安定しない思春期の脳には、自分の気持ちがよくわからないからだ。口から出ることばが、本当に、自分の真実の気持ちなのかさえもつかめないのである。こんなときに、「気持ち」を尋ねられても、答えられない。

「学校、どう？」と聞いても「別に」と答え、「弁当、美味しい？」と聞いても「普通」と答えるのは、反抗しているわけじゃない。ほんのちょっと前まで「ママ♡ラブ」だった彼らがある日豹変するので、母親としてはショックだけど、ここは気を取り直そう。

思春期の脳と対話するには、コツがある。本人について直接尋ねることは、極力しない。代わりに、第三の対象物について質問するのである。「トランプ大統領、どう思う？」「難民問題ってどうなんだろう」などのように。

思春期の脳は、自分に起こったことを説明するのは難しいが、社会現象については意外に一家言あるので、けっこう話が弾むことがある。

弾まなくても気にしない。子どもが黙ってしまったら、「母さんもよくわからないから、きみが気づいたことがあったら、そのうち教えて」と言って、さらりと話を切り上げればいい。子どもは、自分に対する期待に応えようとして、社会性のアンテナを立てることになる。やがて、ことばが出てくるようになる。

自分に向けられた悪意については、なかなか客観的に把握できず、人には語れない子どもたちも、社会の悪意については、さまざまな思考を展開し、雄弁にもなれる。その中で、悪意への対処法の糸口を見つけていけばいいのだ。

難しく考える必要はない。たとえば、新聞やテレビ、ネットのニュースをきっかけに、社会の事件を思いつくままに話し合ってみればいいだけだ。脳は、どんな事象からも、自分にあった回答を見つけ出す。

社会や世界について語り合える親子は、大人になっても会話が成立する。その仕込みだと思ってもいい。

しかも、これが、なんと、理系の能力を育てるのである。思春期の子どもと対話できて、さらに、理系の成績が上がる。一石二鳥。

数学の成績が落ちてきたら、新聞かファンタジーを読め

中学2年の夏休み前ごろから、理系の科目は、一段と難しくなる。

実は、ここからの数学や理科では、文脈理解力が重要になってくる。数学や物理学の世界観を理解し、文章問題を読み解き、適正な方程式を引きだしてくるためには、脳はことばを制御する領域を使うからだ。つまり、母語力こそが、高等理系力のベースなのである。

中学生の数学や理科の成績が下がってきたら、勉強時間を増やしたり、塾にやる前にするべきことがある。親子で新聞を読み、世の中の現象について話し合うことだ。

ここにおいて、重要なのは、しっかりした記者が書いた文章を読むこと。そして、この時期お薦めするのは、電子媒体よりも、やはり紙媒体。紙面全体を俯瞰して直感で把握し、そこから情報の〝構造〟を切りだすセンスを養いたい。これは、状況把握力の基礎になる。脳の発達期にしか手に入れられないアナログな能力で、小さな電子画面でのスクロールでは養えないセンスだ。

ものがたり本でも、その能力は養える。この世のものでない世界を創りあげ、主人公が

悪に果敢に立ち向かうファンタジーシリーズは、状況把握力と社会性を子どもたちに与えてくれる。親子で読み合って、読後感を語り合えれば最高だ。

読書好きは、戦略家の必須条件

ものがたり本との出会いは、中学生になるのを待たず、8歳くらいにはしてほしい。

脳は、起きている間の体験を、眠っている間に何度も再生して確かめ、知恵やセンスを創生し、記憶と共に脳神経回路に書き込んで定着させている。頭がよくなるのは、眠っている間なのである。

しかし、ごく普通の人類の小学生では、体験は限られている。竜の背中に乗って空を飛んだり、魔剣をあやつって悪の魔王と対決したり、秘密のパスワードを見つけて妖精の女王と話をしたりはしない(と思う)。しかし、ファンタジーを読んで眠ったその夜は、世界の果てまで冒険してきたその疑似体験を、脳がセンスに変えられるのである。

つまり、読書は、脳に、現実の人生を遥かに凌駕する豊かな経験を与えてくれる至高のアイテムなのだ。もちろん、漫画やアニメ、映画、ゲームにもその効果はあるが、読書は格別。本の主人公には顔がないでしょう？　だから、脳が自分事として捉えやすいのである。映画のハリー・ポッターシリーズを観ると、ダニエル・ラドクリフ演じるハリーの活躍を眺めることになる。心の渇望が見える「みぞの鏡」に映るのも、彼の家族だ。一方本を読み進めると、みぞの鏡を恐る恐る覗くのは自分自身で、そこには、自分の「人に言えない望み」が一瞬映るような気がしたりして、どきどきする。

そうして、半ば自分を投影したものがたりは、ページをめくるにつれて、大スペクタクル・ロマンとなっていくのである。現実の自分は傷つかずに、「裏切られても、理不尽な目に遭っても、人を信じ、意志を貫き、真実に出逢う人生」を半ば体験して、脳内に戦略力や忍耐力を蓄えていく。

親がガミガミ叱ったり、世の理不尽を説かなくたって、読書がその役割を担ってくれる。読書、しない手はないでしょう？

読書好きへの道は、絵本の読み聞かせから

読書好きへの道は、絵本の読み聞かせから始まる。

本を読むのは、本来は、億劫な動作なのである。読書好きといえども、ときによっては、最初の何ページかは気分が乗らず、我慢して読み進めることもある。ページを繰りながら文字を追い、意味を解析する面倒くささ……あれが、読書という動作の正体だ。しかし、本が誘《いざな》ってくれる想像世界の面白さを知っているから、読書家はページを進める。

子どもを読書家にするには、本が楽しい世界を開いてくれることを、脳に刷り込む必要がある。それが素直にできるのが、幼少期の絵本との出会いなのである。

絵本にうまく出会わせておけば、自然にファンタジーに移行して、やがて読書家の大人になってくれる。合理的だ。

幼児期の脳にいいオノマトペ絵本

絵本との出会いに、早すぎることはない。0歳から始めてほしい。ただし、2歳半までの脳が、とっさに視覚認知できるのはシンプルなかたち。文脈理解もまだできないので、シンプルなイラストと、添えられたことばの発音を単純に楽しめる絵本がいい。

たとえば、こっちに向かって歩いてくるとぼけた犬の画に、「ずんずん」なんていう擬態語がついていたら、1歳児は、いつまでも笑ってくれる。オノマトペ（擬音語・擬態語）は、子どもたちの脳を刺激する。発音体感と、そのことばが指し示すところのイメージが一致するからである。

たとえば、ずんずんは、舌を前歯からはみ出すくらいに硬く尖らせ振動させる「ず」と、弾ませる「ん」の組合せ。突き進み（ず）、跳ね（ん）、突き進み（ず）、跳ねる（ん）。何かが、容赦なく突き進んでくる感じが、口元に起こるのだ。その発音体感と、とぼけた犬の鼻先が迫ってくる感じが妙に合っているので、脳の身体制御の領域（発音を司る場所）と、視覚認知の領域が反応し合って、子どもたちは興奮するのである。

ちなみに、我が家の息子のこの時期のお気に入りの絵本は、丸だけが並んだ絵本だった。「まるまる、おおまる」という文字だけのページをめくると、大きな丸が現れる。「まるまる、こまる」という文字だけのページをめくると、カラフルな小さな丸がたくさんちりばめられたページ。

低い迫力のある声で「まるまる、おおまる〜」と唱えながら、大丸のページを見せてやり、軽やかな声で「まるまる、こまる〜」と唱えながら、小丸のページを見せてやると、彼は何度でも笑い転げた。そのときの笑い声を思い出すと、今でも、胸がきゅんとなる。大人になってしまった息子を、母親がそこまで笑わせてあげることなんて、もうできやしない。子に絵本を読んでやるなんて、長い人生から見たら、本当にわずかな時間だ。後になって思い返すと、宝物のような時間である。

「まる」も「おお」も「こ」も、オノマトペではないけれど、発音体感と見た目の印象が一致していることば。「ま」と発音したとき口が丸くなり、「る」と発音したとき舌が丸くなる。「お」は口が最も大きな閉空間を作り、「こ」は最も小さな閉空間を作る。

絵本の読み手の口で起こることと、絵本の画が妙に一致して、なんとも楽しい。その感覚は、大人の読書にもある。大人になると、誰かが読んでくれなくても、文字を見ただけで発音体感が想起される。「ずごごごごぅ」なんて文字が書いてあると、その摩擦力と振動とパワーが、ありありと脳に浮かぶのである。

逆に言えば、その想起力が、8歳以下の子どもには足りないので、読み聞かせ（発音を見せてやる）や音読（自分で発音体感を確認する）が不可欠なのだ。小学校低学年では、教科書音読の宿題が出るが、あれは、言語脳を完成させるために、とても有意義なことなのである。

母親の選択に間違いはない

絵本を選ぶときのコツは、発音して楽しいことばを選ぶこと。日本語の場合、オノマトペ以外にも、たくさんの発音体感と事象が一致することばが存在する。よかったら、絵本売り場で、実際に発音して、確かめてください。

母親が面白いと感じ、発音して楽しいことばは、幼子もそう感じる。なにせ、ことばの感性は、母親が胎内で与えたものなのだから。母親の選択に間違いはない。

絵本が、ものがたり本になり、やがてファンタジーへと移行する。その間に、脳は、言語脳の完成期を迎える。脳に言語機能が揃うのは8歳である。

8歳近くなると、脳は、実際の発音に触れなくても、文字を見ただけで「発音体感」を想起するようになり、子どもたちは、自然に読み聞かせから卒業する。

ファンタジーへは、絵本の流れから自然に移行すればいい。脳神経回路が著しくその数を増やす脳のゴールデンエイジ(9~12歳)を「ファンタジーに夢中」で過ごすのは、脳科学的には、たいへん理想的なことだ。圧倒的で半端ない超人生体験を脳に与えられる。

この時期を、答えが決まっている受験勉強に費やすなんて、もったいなくてしょうがない、と私は思ったので、一点の迷いもなく中学受験はパスした(もちろん、読書をしながら受験勉強もこなす器用な脳もあるので、一概には言えない。我が家の息子は不器用だったので、この結論に達した)。

ナルニア国物語、指輪物語、ハリー・ポッター……挙げていくだけでも、わくわくする。この時期の我が家の息子の心を一番奪ったのは、バーティミアス・シリーズだ。英国の若い（執筆当時）男性作家が書いた本で、大人男子でも楽しめる。

こうして、絵本↓ファンタジー↓本格社会派小説（ミステリーやＳＦの類いでもいい）の道を歩めば、脳はかなりの体験とセンスを積んで大人になれる。理系の科目が高等レベルになってもすんなりステップを上がれる。そう考えると、赤ちゃん期の絵本、手が抜けないでしょう？

前にも書いたけど、息子は15歳のとき、「ハハの子育てで、何が一番気に入ってる？」と聞いたら、一瞬も迷わずに「絵本を読んでくれたこと」を挙げた。

私自身も、幼い日に、来る日も来る日も寄り添って本を読んでくれた母の、甘い匂いと柔らかい腕の感触を今でも思い出す。絵本の読み聞かせは、母と子の最初のデートのようなもの。親にとっても子にとっても、何年経っても風化しない、密やかで甘やかな思い出である。

ちなみに、我が子が既に幼児期を過ぎてしまっていて、うまく読書家にしてあげられなかったという方。大丈夫、まだまだ取り返しがつく。

親が本をむさぼり読む姿を見せてやれば、ある程度効果がある。「時間の隙を見つけて夢中になるほど読書は面白いんだ」という無意識の刷り込みになるからだ。高校生くらいまではこの手が使える。大学生以上の脳の戦略力は、読書力以外のことでつければいい。『英雄の書』(ポプラ社)をぜひご参考に。

母親自身が本嫌いなら、なおいっそうのこと、ここで「親が本を読まない→子も本を読まない→孫も本を読まない」という負の連鎖を食い止めなければ。読むふりだけでもかまわない。息子の将来の戦略力のために女優になろう。

愛のことばが心を支えるとき

さて、ぐるりと話を戻そう。

この節のテーマは、愛はことばで伝える。

思春期談義が長くなりすぎて、テーマを忘れてしまうよね。しかし、思春期はおとな脳への最終仕上げ。ここまでの歩き方のすべてが、ここに集約してくるので、話してあげたいことが溢れてしまう。ご容赦ください。

さて、思春期を待たずとも、親のことばが心の支えになるときがある。幼い身で、弟や妹が生まれたときと、8歳の言語脳完成期だ。

兄たちの悲劇

弟や妹が生まれたとき、今まで暮らしの中心にいた長子は、いきなりわきに追いやられる。

今まで、自分に夢中だった母親が、新しい赤ちゃんにミルクをあげたり、おむつを替えたりすることに気を取られている。文字通り、いのちがけで母親に依存している2～3歳児にとって、脳神経回路のショックは、失恋の何倍もの大きさになる。そのうえ、急に「おにいちゃん」「おねえちゃん」と呼ばれて、さまざまな我慢を押し付けられる子の困惑を思うと胸が痛くなる。夫でさえ、最初の子が生まれたときに「一番でなくなったショック」を隠せないことがあるのだもの。

困惑の中にいる長子（初めての子に接した新米パパにも）には、ぜひ、ことばをかけてほしい。赤ちゃんの世話をする前に、そのことを報告するのだ。「○○ちゃんに、おっぱいあげるね」「○○ちゃんのおむつ替えるね」のように。母親の意識が赤ちゃんに集約される前に、上の子に意識を向ける。意識を向ける順番を長子→次子の順にするのである。

特に空間認知力が発達しやすく、ものの位置関係に鋭敏な男性脳では、「順番」の尊重は、なによりも大事なのである。女性脳にはさっぱりわからないことなので、慎重を期してあげてほしい。

なお、順番は変えないことが重要なのであって、一番でなければならないわけじゃない。長男は、生まれてこのかたずっと一番だったので、その順番を変えないでやることが、心の安寧につながるのである。次男は、最初から二番なので、二番手であることが兄のようにはストレスにつながらない。

というわけで、男の子の場合、順番が守られてさえいれば、母親の意識が向けられる時間が短くても大丈夫。

女の子の場合は時間の長さも気にするので、赤ちゃんの面倒を見るときも傍に置いて、話しかけたり、おしりふきを取ってもらったりして参加させるといい。「○○ちゃんを寝かしつけようと思うの。協力してくれる？」のように、明確に頼りにするのも効果的だ。

殿方はホウレンソウがお好き

男の子には、ことばをかける順番に気をつける。赤ちゃんの面倒を見るときも、先に兄に声をかけてから。作業が終わった後も、一言、報告するといい。「終わったよ、おにいちゃん」なんてね。そして、たまには、「〇〇ちゃんが寝てくれないの。おにいちゃん、どうしたらいい？」なんて相談してみるのも、おにいちゃん心を刺激する。

これって、何か思い出しません？　そう、会社でよく言われるホウ・レン・ソウである。報告・連絡・相談を欠かすな、というあれ。男性上司は、事前に「これから〇〇します」と連絡し、「〇〇、終わりました」と報告し、ときには「どうしたらいいでしょうか」と相談しろと言う。

臨機応変力においては、20代の女性脳は、50代の男性脳にも勝る。たいていの女子は、連絡する前に作業に着手し、報告するのももどかしく先の作業に手をつける。ましてや〝おじさま〟に相談なんて……「あなたに相談して、埒があくんですかね？」という気がしてならないのが、優秀な女性脳っていうもんである。

このため、たいていの女性が、「ホウレンソウが徹底してない」なんて叱られるのだが、デキる女性ほど、ぴんと来ない。そうしてホウレンソウを怠っていると、業績はトップなのに「スタンドプレイに過ぎる。信頼できない」とか言われて更迭されちゃうのである。私はその事例を山ほど見て来たし、私自身のサラリーマン人生にも2度、それが起こった。左遷された私たちは、その理由がまったく理解できない。

しかし、周りをよく見てみると、男たちは「まっさきに報告・連絡・相談する」ことをもって、直属の上司に敬意を表しているのだ。そうされた男性上司は、そんな部下がかわいくてたまらない。私たち女性に見えない絆が、「ホウレンソウの順番」によって結ばれていたのである（！）。

つまり、それほどまでに、ホウレンソウとそれを施す順番は、男性脳にとって重要であり、心の安寧を保つアイテム。男たちにとって、ホウレンソウは愛のことば、と言っても過言ではない。２歳の男性脳においても、それは変わらない。

余談だが、大人の世界では、最後（トリ）が大物という「順番」もある。

私の父は、懐の深い教養人だったにもかかわらず、カラオケ大会の順番に悶々とするようだった。なぜ、上手なあの人が、下手なあの人の前に唄わされたのだろう、何かの間違いに違いないとか、いつまでもぐずぐず言っていた。

男性脳は、老いも若きも幼きも、順番とホウレンソウが、とても大事。

家に男子がいるときは、相手がいくつであっても、出かける準備をする前に「今から、出かける準備をする」と連絡したほうがいい。いきなりストッキングを穿いたり、口紅を引いたりすると、不安も甚だしいので、「どこに行くんだ、何時に帰る？」なんて尖った声を出されちゃうのである。

男兄弟の育て方

男子の兄弟の育て方は、長男、次男、三男と、生まれた順に事を運ぶ。とはいえ、生活の中ですべての順番を気にするのは、順番があまり気にならない女性脳にとっては至難の業だ。実は「食事を出す順番」、これ一つだけで十分に効果がある。

下の子が少し大きくなってきて、一緒にご飯を食べるようになったとき、ご飯を出すのは、長男、次男の順。ファミレスで、次男が先に「僕、ハンバーグ！」と言ったときも、優しく目を合わせてうなずきながら、口では「おにいちゃんは？」と兄を優先する。

順番で優先されている兄には、兄の自覚が生まれる。おもちゃの取り合いになったときに、弟に譲る余裕がある。この兄の包容力を、弟は尊敬する。

こうして一度定まった心の位置関係を、男性脳は容易には変えない。3歳と1歳で構築されたこういう関係は、83歳と81歳になっても継続するのである。たとえ、弟の方が出世したとしても。

幼き日に、母親が兄を立ててやり、弟に一目置かれるようにしてやれば、兄弟げんかが少なくて済む。勉学にも集中できるので、成績も安定する。遠い将来、親の介護や遺産相続でもめることもない（はず）。

それぞれの子に「ふたりきりの時間」と「一番」をあげよう

そして、ひとりひとりの子と、ふたりきりの時間を持とう。「自分だけのお母さん」でいる時間が、子どもには宝のような時間だから。これについては、男児女児は関係ない。

ふたりきりの時間に、ぜひ、その子だけの美しいところをことばにしてあげてほしい。「あなたの笑顔はかわいい。なによりお母さんを元気にしてくれる」「あなたは、誰よりも凜々しいよね」「あなたのものを見る目は確かよね」。情緒の安定した子なら「あなたを一番信頼してる」、落ち着きのない子なら「あなたって、好奇心満々なのね。面白すぎる」。いろんな褒め方がある(微笑)。

ふたりきりのときに「誰が一番好きなの?」と聞かれたら、迷うことなく「あなたが世界で一番好き」と答えてあげて。聞かれなくたって、言ってあげてほしい。「世界で一番」が兄弟の数だけいたっていいじゃない。実際そうなんだから。世界大会にだって、同記録、複数一位はある。ばれたって、悪びれずにそう言えばいいだけだけど、ほとんどの場合、ばれやしない。「一番」と言われた子は、ほかの子に自慢したりせずに、かえって優しくなったりするものだから。自分だけの恩恵があまりに尊くて。大人になってネタバレしても、苦笑いしながら、母の大きな愛を思うだけだ。ただ、ネタバレしたときのために、必ず全員に、忘れないように何度も言っておいてね。

女の子にとっての愛のことば

女の子の場合は、順番は、それほど気にすることはない。女子のグループでは、経験豊富な者が場を仕切るので、多くは姉が仕切っているが、男性脳のような絶対の序列ではなく臨機応変。パーティの準備にかかれば、料理上手な三女が姉二人を仕切るときもある。順番が違っていることで神経をやられたりもしないので、食事を出す順番も気にせず、その都度の都合でいい。

ただ、女の子は、「気持ちがわかってもらえない」ことに、とてもやられてしまう。弟の世話に夢中な母親に、かまってもらいたくて、いろいろサインを出す。甘えてみたり、キレてみたり、手伝おうとして、余計なことをしちゃったり。

母親にしてみれば、赤ちゃんの世話で追い詰められているのに、ぐずぐず言ってきたり、余計なことをして手間を増やす幼い娘にうんざりしてしまうので、つい邪険にしてしまうところだが、どうかわかってほしい。母親と関わりたい、その一心なのである。

「あなたの気持ちに気づかないで、ごめんね。さみしかったよね」「手伝ってくれようとしたんだよね」と、彼女の気持ちをことばにしてあげてほしい。気持ちさえわかってくれれば、たいていのことには耐えられる。それは、大人の女性も一緒じゃないだろうか。

女は4歳で、一人前の女になる

女の子は生まれつき、周囲をよく観察して、するべき反応(笑い返す、手を振る、うなずく、共感するなど)をしっかりする。このため、ことばの発達も早い。自分の気持ちもちゃんと把握していて、欲しいものが何かもしっかりわかっている。

4歳ともなれば、女の子の観察力は、母親と同等だ。母親のウェストが2センチ太くなったのも見逃さず、父親の嘘も見ぬいてくる。

つまり、4歳になれば、女の子は大人の女性と同じ。ここからは、頭ごなしに何かを決めつけるような口は利かないほうがいい。女友達を遇するように、娘を遇するとうまくいく。

「これ、食べなさい」ではなく、「これ、食べない？」のように。

出掛けるときも、いきなり「帽子かぶって」じゃなく、「買い物に行こうと思うの。帽子かぶる？」のように。

おもちゃを取り合って下の子が泣いたときも、「どうしよう」と娘に向かって困惑してみせる。すると、「私のおもちゃ、貸してみようか」なんて言いだして、ちゃんと一歩引いてくれる。「お姉ちゃんなんだから、我慢しなさい」なんて叱りつけてもいいことはない。女の子は、早くから友達のように尊重して、味方に付けてしまう方がずっと楽なのだ。

ことばは、相手のために使う

幼い子どもたちの情緒は、母親のことばがけで安定させてあげられる。大人のことばは、自分の気持ちを、相手に投げつけるためにあるわけじゃない。相手の気持ちをほどいて、脳を最大限に活性化するために使うものである。

自分がイラついたから、そのイラつきをことばで投げつける。そんなことをしたって、何の得にもなりゃしない。暮らしが混乱するだけ。相手の傷ついた気持ちに寄り添うことばをあげたほうが、ずっと楽なのである。

たとえば、保育園に送り込んだ子に「今日は早く迎えに来るね」と約束したのに、急なトラブルで遅くなってしまったとき、「なんで遅くなったの!?」なんてなじられて、うっかり逆ギレしたら、後がたいへん。ストレスフルだと食欲もいまいちなので、ごはんもさっさと食べてくれず、寝つきも悪い。

逆ギレしそうなところをぐっと我慢して、「心細かったでしょう? ごめんね」と抱きしめてあげれば、後はラブラブで、買い物も家事も協力が得られてスムーズに行く。ストレスがないので、子どもの寝つきもいい。

子育て中のお母さんは、とにかく時間に追われる。子どもをストレスフルにしている暇なんかないのである。賢く生きて、楽しよう。

沈黙の反抗期

さて、子どもたちを、愛のことばで守ってやるポイントがもう一つある。

幼児期をクリアしたあと、働く母親たちの間で、密かに「沈黙の反抗期」と言われている時期がやってくる。

忙しく働く母親(外で働いている、下の子がいる、親の介護をしている、大家族の家事を取り仕切っているなどなど)には、7歳から8歳の間、親子関係がぎくしゃくする時期があるのである。お腹が痛いと言って学校や学童保育に行きたがらなくなったり、習い事に興味を失ったり。無気力と戸惑いのようなものが、親子の間に漂う。

私は、男女雇用機会均等法前の世代なので、この事象は、数少ない「管理職クラスの母親」たちの間で噂されていたものだったけど、今はもっとポピュラーなのかもしれない。

7歳から8歳の子どもたちに起こる、沈黙の反抗期。実はこれは、いつもは傍にいられない母親の愛を疑っているのである。本人も明確にそうとは自覚していないけれど。

8歳に近づくと、脳の言語機能が完成する。そのせいで起こる現象だと思われる。

第一反抗期は、物理実験期である

幼い脳は、ことの因果関係がわからない。たとえば、カーテンの後ろを人が通り抜けたとしよう。赤ちゃんには、カーテンの後ろに消えた人と、カーテンの後ろから出てきた人が同じかどうかわからない。間がつながらないからだ。

そんな赤ちゃんの脳にとって、いないいないばぁは、手の甲の後ろから大好きなおばあちゃんが現れる、まさに想像を絶するエンターテインメントなのである。

やがて、手の甲の後ろ側のことも理解するようになって、因果関係の認知が深まる。コップを倒したから、ミルクがこぼれる。そんな経験からも、脳は因果関係や法則の枠組みを作っていく。

2歳の「第一反抗期」と呼ばれる時期は、脳が因果関係と法則を見出していく過程である。

コップを倒す。片付けたのに、また倒す。

ティッシュを無駄に引きだす。叱っても、止めやしない。

おもちゃを投げて、取れと騒ぐ。取ってやっても、また投げる。

親にしてみたら、なんとも腹立たしいこれらの行為！　しかし、脳にとっては、物理実験と同じなのである。

考えてみてほしい。彼らが地球に来てから、ほんの少ししか経っていないのである。地球がいかなる星か、彼らは知らない。コップを倒したら、テーブルの上に、ミルクの美しい曲線が広がる。何度やっても同じなのか、脳は知りたいのだ。その純粋な好奇心は、崇高でさえある。ノーベル賞を取った博士の実験と、変わらない。

その人生最初の実験を激しく封じておいて、後に「なんであなたは、理科に興味がないの？」なんて言ったって、かわいそうだ。

同居していた姑は心優しいひとで、ティッシュを引きだす息子を叱りもせずに、引きだされたティッシュを袋に入れて使っていた。「大人になるまで、これをやり続けるわけじゃないし」と。

2歳児のやることとは、反抗じゃない。大いなる実験。母の言った通り、息子はほどなくティッシュを引きだすのに飽きたし、コップを倒すのにも飽きた。代わりに、後に物理学の大学院に行き、レーザーの実験をしまくった。

8歳の絶望

さて、話は、因果関係の理解である。

2歳から始まる因果関係の理解は、8歳までかけて成長していく。

たとえば、2歳の子は、朝、保育園に預けられたとき、「夕方までの長い時間、ママと離ればなれだ〜」と思って泣くわけじゃない。今この瞬間の悲しみに泣いているのだ。その証拠に、母親が見えなくなって数分もすれば、機嫌よく朝のおやつを食べたりしている。

成長するにつれて、だんだん「夕方までの長い時間」を思うようになっていき、やがて、明日や明後日も思うようになる。たとえば、母親が「今日は、早く帰るね」と約束したのに、早く帰れなかったとき。「こないだもそうだった、次もそうに違いない」というふうに、長い文脈を紡ぎだすのが6歳を超えたころ。

7歳の後半にもなれば、大人同様、長い文脈理解が可能になる。「ママは、こないだも仕事を優先した。今日もそうだ。次もそうに違いない。結局、ママは、ボクより仕事の方が大事なんだよね」というところまで行くのである。

しかし、その絶望を、子どもは決して口にしてくれない。このような長い文脈をことばにできるのには、まだもう少し時間がかかるからだ。ただ、静かに絶望するだけなのである。

7歳の後半から8歳にかけて、二人の間に、倦怠期の恋人同士のような暗雲が生じたら、ぜひ試してみるといいと、先輩のキャリアウーマンに教わったことがある。

それは、子どもが望んだだけ会社を休むという技だ。

あなたが何より大事

息子が8歳になったころ、我が家にもその暗雲がやってきた。お腹が痛いと言って、学校を休むようになり、私と彼の間に、わずかな倦怠感が漂った。

私は、彼に手帳を見せて、こう言った。「この文字が書いてあるところは、ママは仕事があって、家にいられないの」

息子は、「わかってるよ」と、そっけない。

「でもね、その先」と私は手帳をめくった。「この白いところは、全部あなたのものよ。ママは、働くのが好きだけど、それよりも、あなたのほうがずっとずっと大事。あなたが休んでほしいと思う分だけ、赤い丸を描いていいわ。ママは、会社を休んで、ずっとそばにいてあげる」

息子は、赤ペンをぎゅっと握り、裏写りするくらいの強さで、赤い丸を書いていった。私は、このときの、強く握りすぎて関節が白くなった息子の指を思い出すと、今でも泣きそうになる。私のことを、あんなにも必要としてくれていたなんて……。

なのに、そのときの私ときたら、次のページにも丸がついたらどうしようと考えていたのである。30代の若さで、仕事の責任も気になっていたのだ。今思えば、ばかばかしい。息子が、もしも手帳を赤丸で一杯にしたら、仕事を辞めればよかったのだ。子育て以上の責任なんて、会社には転がっていない。

でも、先輩ママが言った通り、手帳の見開き1週間に赤丸をつけたところで、息子は、ほっと一息ついた。翌日から、彼は元気に学校に行くようになった。

1か月ほどして、その休みはやってきた。息子は、「ママ、髪を一つにしばって、エプロンをしてね」と言って、学校へ出かけて行く。私は、息子の理想の母親像を初めて知って、くすりと笑ってしまった。

とはいえ、毎日、母親が家にいる暮らしは、彼にとっては、想像ほど快適じゃなかったようだ。脱ぎっぱなしの制服を叱られ、きちんと、宿題をさせられる。放課後の〝無法地帯〟が懐かしくなったらしく、その週の終わりに「次はいつがいい？」と手帳と赤ペンを出したら、「いや、もういい」とにやりと笑った。

8歳の絶望には、ことばだけじゃ足りず、行動で示すしかない。働く母親にとって1週間の休みは厳しいかもしれないが、母の職業人生を懸けた「愛の証明」には、ちゃんと効果があった。彼との間に、倦怠期の恋人同士のような隙間は二度と現れない。およめちゃんが来て、私のために使う時間が僅少になっても、信頼感は全く揺るがない。

8歳は、愛をことばと行動で示すとき。覚えておくといい。

愛は倍返し

愛は、倍になって返ってくる。

息子が赤ちゃんのときには授乳の度に愛を伝え、幼児になってからは添い寝の度に、私たちは愛を口にし合った。「あいしてる」「だ〜いすき」は、「おはよう」と同じくらいに、私たちには自然な合言葉だった。

息子が4歳か5歳くらいのとき。私たちの間で、愛の大きさを競い合う幾晩かがあった。「ゆうちゃんはね、こ〜んなにママが好き」と両手を広げた息子の前で、「ママは、こ〜んなにゆうちゃんが好き」と、私が両手を広げる。当然、4歳児が勝てるわけがなく、息子は両手を広げたまま、部屋の端から端まで走って「大きさ」を稼いでくれた。

そんなある日、保育園から帰りついた息子が、両手の甲を合わせて「ゆうちゃんは、こ〜んなにママが好き」と言ったのである。「なにそれ？」と聞いたら、「この間に、地球が入ってんの」と満面の笑みを浮かべた。

彼は、保育園の絵本か紙芝居で、地球が丸いことを知ったらしい。手の甲を合わせて、両手のひらを外に向けたら、その間に地球1周分が入る（！）。そんな地球まるごとの愛を、私はそれまでの人生でもらったことがないし、おそらくこれから死ぬまでないと思う。

母であることの愉楽。

母であることの豊かさ。

母であることの素晴らしさ。

どんな芸術も宝物も、息子のあの日の手の甲の風景以上に、私を感動させることはできないだろう。

こんな会話も、息子の脳に「愛」を仕込んでおかなければできなかった。愛を伝えない母に、愛の大きさを命がけで伝えてくれる子はいない。母であることを思う存分楽しむためにも、ぜひ、愛はことばで。

ずっと好きでいる、というお約束

愛のことばと言えば、息子が小学生のときのエピソードも忘れ難い。

その頃、語感を数値化する研究を重ねていた私は、「好き」と「愛してる」の違いについてエッセイを書こうとしていたのだが、なかなかとっかかりが見つからないでいた。口腔内物理効果としては、「スキ」にはスピード感がありまっすぐだが、「アイ」はゆっくりしていてゆらぎがある。……で、だから？

いつものように「おやすみなさい」の前に「好きだよ、ママ。愛してる」と言ってくれた息子に、私は質問してみた。「ゆうちゃんは、好きと愛してるをどっちも言ってくれるよね。この二つ、どう違うの？」

息子は、迷わずにこう言った。「スキは、今の気持ち。アイシテルは、ずっと好きでいるというお約束」

息子の愛に照らされながら、私は研究者としてもインスピレーションをもらった。「スキ」のスピード感は、今の鮮烈な気持ちを表すのにぴったりで、「アイ」のゆっくり&ゆらぎは、いろいろあって積み重なっていくさまをイメージするのにぴったりだったのだ。

4歳の息子の〝手の甲合わせ〟の風景と、小学生の息子のこのことば。私は、この二つだけで、一生分の愛をもらった。だから、私は一生愛に飢えないのである。

3.脳をメンテナンスする

脳は、電気回路である。察する、感じる、思う、考える、好奇心、集中力、発想力、忍耐力。脳で起こることは、すべて電気信号によってまかなわれている。

したがって、電気信号がいかにうまく流れるかが、脳の勝負。うまくメンテナンスした脳が勝つのである。

自己肯定感は、基本的に、朝日がくれる

網膜に朝の自然光が当たると、その刺激が視神経を伝わって、ホルモンの中枢司令塔に届く。そして、セロトニンというホルモンを誘発する。

セロトニンは、脳神経信号のアクセル役。脳神経信号をスムーズにしてくれるホルモンである。セロトニンがしっかり出ると、脳神経信号が、起こるべき時に、起こるべき場所にすばやく起きて、そのスピードが落ちず、情報が劣化しない。つまり、一日中、脳が目論み通りにすっきり動くことになる。やる気の信号も萎えない。

脳は、「目論見通りに動く自分」に万能感を覚え、自己肯定感を蓄えることになり、充実した一日を過ごすことになる。セロトニンが、別名『幸福ホルモン』と呼ばれるゆえんである。

日の出から9時台くらいまでの朝日にその効果があるとされる。それを知ったら、もったいなくて、朝寝なんてしていられなくない？

セロトニンは、腸で作られて脳に運ばれるので、腸を整えることも、もちろん大事。朝

の便通のためにも、早起きして時間に余裕があるのは重要だよね。

そのほかにも、「脳に信号が行き渡らないうちに（まだ目が覚めきらないうちに）、身体を動かし始める」と、その分泌量が数倍に増えるというデータもある。

してみると、あの夏休みの朝のラジオ体操。寝起きの、半分寝ているような状態で広場にやってきて、反射的に身体を動かす、あれ。やる気のない、ぷらんぷらんやるラジオ体操こそ、セロトニン分泌促進の離れ業だったのである（！）。

日常なら、朝いちばんの定番のお手伝いがあるといいと思う。新聞を取りに行く役、ベランダの植木に水をやる役、スムージーを作る役。ただし、脳が半分ぼんやりしたまま、だらだらやるのがコツ。「さっさとやって」なんて言わないであげてね。

脳もガス欠じゃ動かない

さて、セロトニンがアクセルをふかしてくれても、ガス欠じゃ脳は動かない。車と一緒だ。脳は電気信号で動いているので、エネルギーが要るのである。脳のエネルギー源は糖、血糖というかたちで血中に入り込み、脳に届けられる。

血糖は、高いことの弊害ばかりが話題になるが、脳にとっては必要不可欠な栄養素で、最低でも80ほどないと脳は正常に動けない。80を下回ると、脳はぎくしゃくして、やる気と集中力を失い、ムカついたり、キレたりする。40を下回れば意識混濁となり、それが数時間続けば脳死に至る。本当は、低血糖の方が恐ろしいのだ。

後に詳しく述べるが、脳は、脳の持ち主が眠っている間に、大活躍している。知識工場となって知恵やセンスを作りだし、記憶の定着を図っているのだ。新しい知識をぐんぐん吸収している子どもたちの脳は、夜、大人たちの何倍も働いている。このため、低血糖状態で目覚めることが多い。

朝ごはんは、その脳に、一日を始めるためのエネルギーを与える重要な行為だ。

朝ごはんに関しては、脳の言うことを聞いちゃダメ

低血糖の脳は、てっとり早く血糖値を上げる糖質の食べ物を欲しがる。

疲れたとき、むしょうに甘いものを食べたくなることがあるでしょう?

特に、精神的な疲れは、脳神経信号を大量に使った結果でもあるので、エネルギーが枯渇してくる。そのため、甘いものが食べたくなるのだ。残業帰りに、コンビニを素通りできず、ついスイーツを買ってしまった経験は、多くの人にあると思う。

子どもたちは、起き抜けに低血糖状態なので、同じように甘いものに目がない。自由に選ばせれば、パンケーキにジュース、カステラにココアのような甘いものをとりたがるが、残念ながらそんな朝ごはんはNGである。

なぜか。

空腹時に、糖質を食べると、いきなり血糖値が跳ね上がり、結果、血糖値を下げるホルモン・インスリンが過剰分泌してしまう。これが2〜3時間後に低血糖状態を作りだす。脳の適正血糖の下限80より下回ってしまうのだ。つまり、「いきなり糖質」は、低血糖を誘発するのである。

これでは、脳はぎくしゃくしてうまく動かない。

朝ごはんのツボ

ということで、朝ごはんは、気が抜けない（手は抜いてもいいけど）。

朝ごはんは、タンパク質や繊維質（野菜や大豆製品）と一緒に糖質を摂ること。

セロトニンやドーパミンなど、脳神経信号を制御するホルモンの材料は、トリプトファンと呼ばれる必須アミノ酸だ。トリプトファンは、だし（かつお、煮干し、アゴ）、たまご、大豆製品などに豊富に含まれている。だしの利いた味噌汁に納豆、卵焼きなんていう日本の朝ごはんは、脳にとてもよかったのである。

また、たまごは「完全脳食」と言っていいくらい、脳に必要な栄養素が取り揃っている。たまごが苦手じゃなかったら、ぜひ、朝ごはんのおかずの主役に。

ずいぶん前のことになるけど、脳科学者の間で、朝ごはんの重要性が話題になったことがあった。脳に必要な栄養素が多岐にわたるので、ある脳科学者は「朝ごはんのおかずの数は成績に比例する」と言い、別の脳科学者は「母親は、旅館の朝ごはんのようなおかずを並べるべきだ」と言った。どちらも私と同世代の男性脳科学者で、母たちの朝の忙しさを知っちゃいない発言だなと、私はちょっとムカついた。そのため、少ないおかずの数で、手っ取り早く脳に必要な栄養素を取り揃えるにはどうしたらいいのかを追求してみたら、だしやたまご、味噌や納豆などの大豆製品があったわけ。これに骨や筋肉の成長を助ける乳製品を足したい。

日々の怒濤のような家事の中で、流されそうになっている母たちに、とりあえず、この綱だけ握っておいてね、というのが、「甘いだけの朝ごはんはダメ」と「だし、たまご、大豆製品、乳製品」という、朝ごはんのツボ。健康にいい栄養素は言い出したらキリがないけど、これにときどき、魚を添えたり、フルーツ食べたりしていけば、けっこう取り揃ってくる。野菜が足りないと思ったら、白いご飯は、雑穀やもち麦と交ぜて、繊維質を加えるのも手。ゴマやわかめを加えるのも○。わかめや海苔も野菜の一つに数えちゃおう。

朝日が当たっている時間に起きて、朝ごはんに気を抜かなければ、子どもの脳は、脳神経信号がスムーズに動くようにセットされる。思いやりがあって、キレない一日を過ごしてくれる。

夫も一緒。いい朝ごはんを食べさせると、思いやりが戻ってくる。仕事の効率も上がり、機嫌がよくなる。ほんとです。私は、離婚相談を受けると、朝ごはんの見直しをアドバイスする。ほとんどの相談者から「夫の性格が良くなった」と報告を受けている。

塾前に学習能力を上げるコツ

ちなみに、たまごは、塾前の軽食、寝る前の小腹にもおすすめ。コレステロールが心配？実は、コレステロールは、神経回路の中で電気信号の漏れや減衰を防ぐ素材で、これが不足すると正しい信号処理が叶わなくなる。成長期の脳で心配なのは、低コレステロールなのである。

〝塾前にたまご〟も、頭の隅に入れておいた方がいい。甘いものやジュースだけを摂取したら、元気なのは最初の30分だけで、後はだるくなるばかり。精神力で頑張っても、記憶力の定着はいまいちなので、お金と時間をかけただけの甲斐がない。

寝る前の甘いものが、朝ゾンビを作る

そして、朝ごはんと同様、気をつけなきゃいけないのが、寝る前の甘いものである。湯上がりの氷菓子や果物は、朝の「ゾンビ」を作りだす。最も悪いのが、甘い飲み物のがぶ飲み。炭酸飲料は要注意アイテムだ。

子どもの寝起きの悪さを何とかしたいと思ったら、寝る前2時間の糖質摂取に気をつけてみて。小腹がすいて眠れなかったら、たまごスープや温めた牛乳がお薦め。これらに含まれるビタミンB群とタンパク質は、脳の働きと、身体の代謝を活性化する立役者だ。背を伸ばし、疲れを取り、知識構築を推進することになる。

朝ごはんに塾前に夜食って、3個食べてもいいの？　という質問をよく受けるが、これは気にしなくても大丈夫。「たまごは一日1個まで」は都市伝説だった。脳を駆使している先進国で「一日1個」を言っているのは、日本だけだそうだ。血液栄養学の専門家が、世界中の論文を検索して、その根拠を探してみたが、誰が言いだしたのかさえわからなかったという。

コレステロールの摂取量を気にしているのなら、子どもに関してはナンセンス。先にも述べたが、脳みその30％はコレステロールでできている。低コレステロールになると、やる気と理解力、記憶力が低下してしまう。脳の成長著しい成長期や、ホルモンの変化に耐える更年期、ともするとボケが進む熟年期には、たっぷり摂ってほしい栄養素の一つだ。

我が家のたまごスープは、かつおやアゴのだしパックで作る。だしパックを鍋で煮だしている間に、コップで生卵を混ぜておく。コンロから下ろしたばかりの熱々のだしを、鍋から直接注ぐだけ。

これで、消化のいい半熟になるので、塩で整えれば一丁上がりだ。慣れれば、うんと簡単。ダイエット中の夜中の空腹、受験生の夜食にも、ぜひどうぞ。

学習能力を上げたかったら、身体を動かせ

脳を活性化するために、もう一つの欠かせないこと。それは、運動だ。

少し汗ばむ程度以上の運動は、脳に、好奇心と集中力をもたらすのである。

ドーパミンは、脳内に分泌し、好奇心を作りだすホルモンである。一つの方向への強い信号を作りだす物質で、「これ、どうなってるの？　あ～、どうなってるの？　う～、知りたい！」という好奇心を搔き立てる。

ところが、セロトニンやドーパミンのような信号を促進するホルモン一辺倒だと、多動性を呈することになる。「これ、どうなってるの？」と思ったら「それ、どうなってるの？」「っていうか、あれは？」となって、気が散るわけだ。

そこで、二つ目以降の信号を止めなければならない。その役割を担うのが、ノルアドレナリンである。ノルアドレナリンは、二つ目以降の無駄な信号を抑制して、集中力を作りだす。単独では、尻込みしたり、後ろ向きの気持ちを作るホルモンなのだが、ドーパミンと同時に分泌すると集中力を作るのである。

というわけで、ドーパミンとノルアドレナリンは、同時に分泌することが望ましい。しかし、これらを同時に分泌させるために、恣意的にできることはただ一つしかない。少し汗ばむ程度の運動である。

つまり、運動の習慣は、脳を、好奇心と集中力を働かせやすい状態に変えてくれるわけ。因数分解以降の数学や、分子式以降の理科は、好奇心と集中力抜きでは到底楽しめない。身体を動かすことをいとわない子は、成績も思うように上げていくことができる。

中学生、高校生の成績が伸び悩んできたら、身体を動かすことを奨めてみてほしい。正式なスポーツじゃなくてもいい。散歩や、真剣に飛んだり跳ねたりして歌うならカラオケだっていい。楽しめる何かを見つけよう。

ドーパミンとノルアドレナリン、すなわち好奇心と集中力は、受験のためだけのツールじゃない。発想力や戦略力を下支えする、生きる力の源でもある。生涯にわたって、身体を動かす趣味は重要だ。

8歳までに身体能力の基礎が決まる

身体制御を司っているのは、小脳である。

小脳は、8歳までにその基本機能を取り揃えてしまう。つまり、8歳を超えると、劇的な進化は遂げないということ。発達臨界期と呼ばれている。

例えば、二足歩行。小脳によって、足指、土踏まず、足首、膝、鼠蹊部、骨盤などの回転を微妙に連動させて、私たちは歩いている。小脳は、その日はいている靴、今歩いている床面の摩擦係数や傾き、あるいは心の焦り具合に合わせて、時々刻々変わる全関節の角速度を一括制御しているのである。この複雑な身体制御は、8歳までに獲得しないと、以後は獲得困難になると言われている。

ことばを司る能力も、音楽家に不可欠と言われる絶対音感も、身につけるには8歳が限界と言われる。

というわけで、8歳までにどれだけ身体制御の体験をしたかで、後の人生の運動センスが決まってしまう。運動センスがなければ、運動するのが楽しくない。運動するのが楽しくなければ、脳に好奇心と集中力が保てないので、勉強だって頭打ちに。

8歳までの小脳には、さまざまな身体制御を経験させてあげたい。スポーツ、ダンス、工作や楽器演奏、歌うこと、話すこと、本の朗読、料理や園芸などの生活体験などなど。

そう、保育園や幼稚園、小学校の低学年の教育課程で長らく普通にやってきたことのすべてが、小脳の発達を助け、明日の言語力、理系力、運動能力、音楽力、戦略力を養っているのである。

トップアスリートたちのことはじめ

小脳の著しい発達期にあたるのが4〜7歳。トップアスリートに、当該スポーツを3〜4歳から始めたというケースが多いのは、なるほどとうなずける。昔から花柳界では「芸事は、6歳の6月から始めよ」と言われてきたそうだが（数え年なので満5歳にあたる）、それも一理ある。

そうそう、小脳を著しく使う将棋の世界でも、史上最年少でプロ入りし、史上最多連勝記録をもつあの藤井聡太氏は、5歳のときに、祖母から手ほどきを受けたという。

実は、競技ダンス界にも、天才フジイソウタがいる。藤井創太選手は、14歳のときに史上最年少の全日本ファイナリストとなった。ジュニア部門では、日本人初の国際大会での優勝者となり、高校生だった昨年は、とうとう一般部門の日本チャンピオンに。凛々しくたくましく、キレッキレのダンスを踊るイケメンチャンピオンが、日ごろは高校の制服を着て教室に座っているなんて、なんだか不思議だった。その藤井創太選手も、6歳でダンスを始めたという。

この夏、世界最高峰のバイクレースMotoGPのミドルクラス戦で、中上貴晶《たかあき》氏が表彰台の真ん中に立った。シルバーストーンというイギリスの歴史あるサーキットで、日本人として史上初の優勝である。中上氏は、日本のトップレーサーで、ここ数年、世界戦の表彰式で君が代を聴かせてくれる唯一の存在なのだが、彼は4歳のときからバイクに乗り始め、6歳でポケバイのレースにデビューし優勝。9歳でミニバイクの全国大会で優勝し、最年少出場・優勝を記録した。

この本を読む方の「え〜、どうしよう〜、そんなに早く?」という声が聞こえてくる気がする(微笑)。

大丈夫、あわてることはない。別に、歴史を塗り替えるような天才にならなくてもいいじゃない。天才音楽家と言われてウィーン・フィルで指揮棒を振るには絶対音感が必要だろうが、ロックスターになるには絶対音感より、独自のセンスを研ぎ澄ませる必要がある。

たまさか、親や祖父母に傾倒している趣味や生業があって、圧倒的な早さでそれに出会えるのはラッキーだが、そうじゃなくてもトップへ向かう道はある。

また、ダンスで獲得した才能を、バイクで花咲かせることも可能だ。脳が獲得した体幹コントロールは、他分野に展開することが可能だから。親の許容範囲内で、できるだけの身体体験をさせてやること。それでいい。

一番好きなことを商売にしてはいけない？

バイクレーサーの中上氏は、我が家の息子と同い年だ。息子は、幼いころからバイクに憧れ、16歳で中型バイクの免許を手に入れてからはバイクと共に生きてきた。180センチの筋肉質の身体で、戦略センスもある。4歳からバイクに乗せてやっていたら、今頃、中上氏のいいライバルだったかもしれない。けれど、私や夫は、4歳児をポケバイに乗せる環境にはいなかった。

しかし、26歳の今、息子は愛車にまたがり、気の向くままにツーリングする日々を愛している。車の設計を生業として人生を謳歌しながら、同い年の中上氏の活躍に胸躍らせている。未来のバイクについて、彼独自のアイデアがいくつかあるのだそうで、いつかそれを実現してアジアで一億台売る、と語る彼は心底楽しそうだ。それが彼のバイク道なのだろう。

私自身には、大学を卒業するときに、競技ダンスのプロになる誘いがあった。幼いころから始めたわけじゃなかったけれど、35年前の日本の競技ダンス界では、誰もが18歳がスタートラインだったので(男女のペアダンスは、当時の日本では風俗営業法の管轄下だったので、欧米では4歳でも出場できる競技会に中高生の出場が許されていなかった)、大学1年スタートの私でも、スタートに関してはトップ集団と遜色はなかった。

そのとき、コンピュータ会社に就職が決まっていた私は、大好きだった祖母に相談をした。祖母は、私にこう尋ねた。「おまえは、ダンスが好きなの?」

「死ぬほど好き」と答えた私に、祖母はこう言った。「それなら、プロになってはいけない。プロになったら、商売だろう? 嫌なことも呑み込まなきゃいけなくなる。いつか、ダンスを憎む日がくるかもしれない。そうしたら、おまえは、人生で一番好きなものを失うことになる」

深い一言である。今思えば、祖母は私の中の迷いを察知して、行くべき道を示してくれたのだと思う。1983年、世界が「21世紀」という未来に向かってまい進し始めたこのころ、私は物理学徒として、科学技術への好奇心も半端じゃなかった。人工知能への道と、ダンスへの道の分岐点に私は立っていた。私の思いがダンス一色だったら、祖母は一点の曇りもなく応援してくれたはずだ。

かくして私は、踊る人工知能研究者として、毎日、無邪気にダンスを楽しんでいる。ダンスをただただ愛している。踊りながら、泣いちゃいそうになるくらい好き。競技者としてレベルが高いわけじゃないけれど、私のダンスは「楽しくてたまらない」を伝えるらしい。私のダンスを見て、ダンスを始めてくれた人もたくさんいるのだ。これが私のダンス道である。

親の決める道、子の決める道

世界のトップに立つことは、本当に素晴らしい。脳を極限まで使えるトップアスリートやトップ棋士たちに、私は心底憧れる。きっと、彼らにしか見えない世界がある。賞賛や経済力なんかより、それが何より羨ましい。すごいことだ。

しかし、そのことに思いを馳せる愛好者の脳だって、世界には必要だ。祖母は、「憧れられる人」より「憧れる人」の方が幸せだと、私に断言した。

私自身は、どちらも幸せだと思う。

ただ、いくばくかのカテゴリは、「親の思い込み」で始めてもらわないと間に合わないものがある。親に思い込みがあれば、それを実行すればいい。親に思い込みがなければ、汎用の小脳を作っておけばいい。

8歳までにどれだけ遊ぶかが大事

小脳に汎用的な能力をつけるためには、「数多い身体経験」を与えること。それには、群れ遊びがよく効く。

群れ遊びとは、年齢の違う子同士が、高低差のある空間で、自由に遊ぶこと。高低差のある空間で、創造的な遊びをすると、脳が思いつく限りの身体制御を試みることになるからだ。幼少期、野山を駆け回って遊べば、遅く始めてもトップ棋士にもなれれば、トップダンサーにも、トップゴルファーにもなれる。

また、小脳発達期の子どもたちにとって、自分よりやや身体能力が発達した年上の子の所作を目撃することは、大きなアドバンテージになる。見て、触れて、感じて、小脳は発達していくからだ。

年かさの子にとっては、年下の子の身体能力を見極めながら、遊びを創出することで、小脳を発達させたり、戦略力を育てることができる。

4歳からバイク、5歳からダンスなんて英才教育の方針がない場合は、子どもたちの群れの中に、我が子を入れてあげよう。我が家は一人っ子なので、1歳から通った保育園が、どれだけありがたかったかわからない。働くお母さんたちは、保育園に我が子を預けることに後ろめたい思いにならないで。小脳発達には、確実に役に立つ。

真夜中のスマホは禁止

脳にとって、夜は、だいじな時間だ。

脳は、眠っている間に、起きている間の体験を何度も再生して確かめ、知恵やセンスを抽出して、記憶を定着させる。つまり、脳は眠っている間に進化する。

脳に眠りをもたらすメラトニンは、網膜（目）が暗さを感じ、視神経が緊張から解放されると脳内に出てくるホルモンだ。意識領域の信号を落とし、脳を外界から切り離して、知識工場に変える。

メラトニンは、夜中の22時から2時の間に分泌が加速される傾向がある。この時間帯に、スマホやゲーム機のような視神経を強く刺激する画面を凝視していると、眠りの質が悪くなる。眠りの質が悪いということは、脳の質が悪いということに他ならない。

他にも、夜中の視神経の緊張緩和によって分泌が促進されるホルモンがある。成長ホルモンと呼ばれる、新陳代謝のホルモン群だ。背を伸ばし、筋肉を作り、脂肪代謝や肌のターンオーバーを支えるホルモンである。

12歳までは、22時には寝ていてほしい。

特に、9歳から12歳までの4年間は、脳のゴールデンエイジと言われ、神経線維のネットワークが圧倒的に数を増やす時期だ。何をおいても、眠りの質にこだわりたいとき。

そして、男女とも成長著しい15歳までは、夜中のてっぺん(0時)は眠って過ごしてほしい。少なくとも携帯端末を見ることは禁止したい。脳の進化と身体の進化の両方を止めてしまうからだ。

もちろん、個人差はあるので、「おれはゲーム漬けだったけど178センチだ」なんていう人もいるけれど、夜の光刺激でホルモンバランスを崩す男子は多い。男の子の身長を160センチ台から180センチ台まで押し上げるチャンスは、14歳から17歳までの4年間しかない。しかも、ここは、スマホデビューの年代でもある。母と子に、しっかりした覚悟が必要だ。「スマホを持たせたとたんに背が伸びるのが止まった」という母たちの証言は、数限りなくある。自分の息子が「それでも背が伸びる遺伝子の持ち主」であるチャンスに賭ける？

〝夜お風呂派〟は偏差値が高い

眠りの質を上げる工夫も話しておこう。

寝る前に湯船につかると、眠りの質が上がる。〝朝シャワー派〟の高校生たちに、〝夜お風呂派〟に変えてもらうと、試験の偏差値が上がることも確認されている。

湯船につかって、体表面の温度が一気に上がると、脳が体内深部温度を下げ始める。体内や脳内の深部温度が、体表面温度につられて40度を超えたら、各種臓器に支障をきたすからだ。体内深部温度が下がると、副交感神経優位に変わり、脳が興奮系から沈静系に切り替わる。つまり、寝つきが良くなるのである。

何時に、何度のお風呂に入ったらいいかは個人差がある。多くの場合は、ベッドに入る2時間から1時間半ほど前に、少し熱いと感じるくらいのお風呂に入ると、体表面の温度が上がったことに反応して体内深部温度が下がり始める。それで「気持ちいい」と感じられればOKだ。

冷え性で、熱めのお湯にさっと入るのでは、もの足りないという人は、ぬるめのお湯で手足をじっくり温めた後に、少し熱めにしてから上がる、という手もある。

自分や子どもたちの適正お風呂習慣は、自分で見つけてください。気持ち良くて、よく眠れるのなら、それでいい。

思春期の脳は、気の毒すぎる

思春期の脳は、3つの理由で、不安定になる。1つ目は、前にも述べたが、子ども脳からおとな脳への移行期で、脳が誤作動するから。2つ目は、脳が生殖ホルモンに初めてさらされることになり、しかも人生のどの時期よりも量が多いので（生殖器官を充実させるため二次性徴期に分泌ピークが来る）、その影響を強く受けるから。

男子は、テストステロンの分泌によって、縄張り意識と闘争心が強く働くようになる。やたら反抗したり、母親が勝手に部屋に入ったと逆上するのも、テストステロン過剰分泌のためだ。

女子は、エストロゲンの分泌によって、気分にむらが現れ、イライラしたり落ち込んだりしやすくなる。中学生女子が、だるそうに返事をして、億劫そうに立ち上がるのは、しつけに失敗したわけじゃないのである。

いずれも、生殖ホルモンに脳が慣れ、分泌量が落ち着く10代の後半には、軽減してくる。しかし、10代の前半は、かなり気分が乱高下するはずだ。

3つ目は、背が急に伸びるときには、血中のアミノ酸や鉄が足りなくなって（体組織の材料だからだ）、疲れやすく、ぼんやりしがちだから。ご存じのように、脳に必要不可欠な酸素は、鉄によって血中を運ばれ、脳に届けられる。鉄が不足すると、脳に届く酸素の量が減って、疲れやすく、ぼんやりしがちになる。

今まで、忘れ物一つしなかった子が、宿題を忘れるようになる。口答え一つしなかった子が、言うことを聞かなくなる。時間が守れない、約束が守れない。優しい子が、友達に「死ねば？」なんて言っちゃって、言った本人がびっくりして傷ついてしまう、なんてことも。思春期の脳は、本当にかわいそうだ。

私は、息子の思春期に起きたさまざまな「ぎくしゃく」が、ただただ気の毒でしょうがなかった。「くそばばぁ」なんて言われたら、「こんなに大事なハハのことをそんなふうに言っちゃうなんて、この脳ったら誤作動してカワイソウ」と抱きしめてあげるつもりだったけど、彼はとうとう、そのキーワードは使わなかった。「そんなわかりやすいこと言ったら、おいらの思春期ネタを、本に書く気でしょう？　絶対に言わない」と言ってたっけ。

この時期、彼は、私の本に、自分が登場させられることをひどく嫌っていた。小学校5年生くらいまでは、自慢に思ってくれていたのに。

彼が中学3年のとき、授業で使っていた入試問題集に、私の文章が載っていた。私の文章は高校入試や大学入試に引用されることがあり、ときに過去問として問題集に載ることがある。とはいえ、よりによって、息子の学校が採用した問題集に……しかも、このときの引用部位は、息子が登場しているくだりで、彼の気持ちについての選択肢問題まであった。

「悪いけど、おいらの気持ちは、この選択肢の中にないからね」と、息子は苦虫をかみつぶしたような顔をした。さらに「なぜ、入試問題なんかに使わせたの」と叱られた。

入試問題に使われることは、事前に著者に知らされることはない。入試問題が漏えいしてしまうことになるからだ。その旨を息子に告げたが、許してはくれなかった。「もしも、実際の入試で、ハハの文章が出てきたら、その場で試験を止めて出てくるからね。全力で阻止するように」とのご命令である。私はただただ、彼の受験する高校がそれをしないように祈るしかすべがなかった。

これが、彼の思春期のイライラのピークだった。当時はショックだったけど、今思えば、かなり静かな反抗期である。

大人になった今は、再び、私の露出を容認してくれている。およめちゃんが私の本のファンで、彼女に、本の中に登場する、自分の子ども時代を丸ごと愛してもらっているおかげ(微笑)。とはいえ、書店に平積みになった私の本(しかも帯に顔写真付)に出会うと、びっくりして後ずさるそうだ。

彼は、高校生のとき、母親を遠ざける気持ちをこんなふうに説明してくれた。「パンツって大事だろ? これがなきゃ生きられない。けど、パンツを友達に見られるのは恥ずかしいよね。おいらにとって、ハハとはそういう存在なんだよ。大事すぎて、人前では恥ずかしい」

今、赤ちゃんを抱いている読者の方には、思春期なんてはるか先だと思えるのに違いないが、どうぞ、お楽しみに。声変わりして、背が自分を追い越して行き、日々逞しくなる息子の変化には、けっこうわくわくする。それに、多感でイラつきながらも、男子はやっぱり結局のところ、母親には優しいのである。

思春期の脳は、ひたすら眠い

「ひたすら眠い」というのも、思春期の特徴の一つである。

脳は眠っている間に知識構築をしている。起きている間は、判断や思考に忙しいので、新しい知を作りだす暇がない。脳の持ち主が眠ると、脳はやっと手が空き、その日の経験を再生して確かめ、過去の記憶に照らして精査し、新しい知を作りだして、脳に定着させる。

おとなな脳への移行期には、子ども脳時代の記憶をおとなな脳型に変換する必要があって、睡眠時間が必要になる。子ども時代の記憶が豊かな脳ほど、その傾向が強くなる。また、男の子の場合は、この時期に圧倒的なまでに背が伸びるので、それが眠さに拍車をかけている。

いくらでも眠がる中学生の子にイラついて、「もっとシャキッとして、さっさと勉強してほしい」と願うのは世の母親の常だが、眠っている子の脳の中で、劇的な進化が進行しているのだと思えば、少しは気が休まらないだろうか。

失敗は、大らかに笑い飛ばせ

そして、15歳。おとな脳の完成である。

気難しかった思春期少年も、優しい息子に戻る。「私の息子が帰ってきた」と、多くの母たちが表現する。扱いにくかった思春期少女も、おだやかな娘に戻る。父親との会話も戻ってくる。

ここからは、親友になればいい。毎日の脳のメンテナンスに気をつけてやり、失敗を笑い飛ばしてやればいい。

失敗は、脳にとって最高のエクササイズだ。

2016年3月、世界最強クラスと言われる囲碁棋士に勝った人工知能は、ニューラルネットと呼ばれるシステムである。これは、人間の脳神経回路を模したシステムだ。ニューラルネットワークには、人間と同じように「学習」を施すのだが、失敗事例を学習させる必要がある。失敗を経験させなければ、完成しないのだ。失敗の与え方こそが、システムの「センスの良さ」を決める。

人間も一緒だ。失敗して痛い思いをすると、その晩、失敗に使った関連回路に電気信号が行きにくくなる。無駄な回路が消えて、とっさに正しい回路に信号が行くようになる。つまり、失敗が、センスや勘を作りだす。子どもの失敗は、喜んでやればいい。

失敗したら、「想定内、想定内。これで、あなたの脳、またよくなっちゃうわね」くらいの余裕を見せてあげたい。

失敗を笑い飛ばしてくれ、日々の暮らしを賢く回し、先の戦略を一緒に考えてくれる人。そんな誰かを、人は軽んじることはできない。子どもに軽んじられるつもりがなかったら、そういう親になればいいのである。

2025年
コラム

3

なんでもない話をしよう

AI時代の子育てのヒントになる話がある。

2024年の夏に起こった、麹町ヒーローズの奇跡について、お話ししよう。

麹町ヒーローズ（KOJIMACHI HEROES）は、東京都千代田区の少年野球チームである。

実は、3年ほど前、廃部の危機にあった。メンバーがラスト1名になり、その子が中学を卒業するにあたって、60年の歴史を終えようとしていたのである。

そのチームの再建を任されたのが、私の友人、スポーツ指導のスペシャリスト木村匡宏《まさひろ》さんである。慶應義塾大学SFC研究所や、子どもの発達科学研究所の研究員も務め、大リーグ選手も含むプロスポーツ選手の指導にもあたっている。

バックボス就任にあたって、木村さんの脳裏にあったのは、毎年シアトルから木村さんのトレーニングを受けに野球留学してくる少年だったという。木村さんは、その子の親御さんから「アメリカの子どもたちは、どうやって野球を始めていくか」を聞き、かの国では、まずもって大人たちがおおらかで、子どもの発達についてよく理解していることを痛感したのだそう。アメリカの少年野球チームの多くは、4歳～6歳の幼児から、グランドで好きな遊びをすることから始まる。グランドで土遊びをし、ボールとじゃれているうちに、野球と出逢うのだという。

その成果は、子どもたちの伸びやかさに現れる。木村さんによると、アメリカの子どもたちは、三振しても平気な顔でベンチに帰ってきて、楽しそうに「あのピッチャー、すげえぞ！」なんて言うのだそう。振り返って日本の子どもたちは、空振りしたとたんにコーチの顔をうかがって硬く緊張する。三振なんかしたら、ひどく暗い顔をしてベンチに戻ってくる。木村さんは、「この日米差をなんとかしなきゃ」と痛感したという。

木村さんは、子どもたちに野球を〝遊んで〟もらうために、練習の中に、中学生男子ならではのちょっとしたくだらないふざけ合いをする「じゃれタイム」を導入したのだという。監督に頼んで、練習の前に自然に交わされる無駄話も、敢えて止めないようにしたそう。

「本当にくだらない、中学生男子のふざけあいなんですが、じゃれタイムを導入してから、試合中に真剣なことばが飛び交う量が格段に増えたのが不思議でした」――木村さんはそう語った。

これは、脳の機能性から言えば、ちっとも不思議じゃない。むしろ、ごく自然なことだ。なんでもない話、くだらない話を口にする瞬間、脳は4つの演算をすばやく連携させている。①脳内をふんわりサーチして、②わずかな情動や五感から入ってくる情報を頼りにイメージをキャッチアップし、③ことばに換え、④声に出す。

わずか一秒足らずで、こんな複雑なことをやってのけているわけ。しかも、①②は右脳が、③は左脳が、④は小脳が担当しているので、脳全体に信号がいきわたることになり、脳全体が活性化するエクササイズなのである。

そして、①〜③は勘を生み出す演算でもある。つまり、なんでもない話を日ごろしていると、勘が働くようになるってこと。さらに④は、身体制御の司令塔・小脳のお仕事なので、「発声する」という身体制御の代わりに、「手足を動かす」という身体制御につなげることもできる。つまり、ことばがすばやく出るようになった以上、手足もすばやく出ているはず。声の掛け合いだけじゃなく、野球のテクニックそのものも上がっているはずなのだ。

この素晴らしい脳のエクササイズ＝じゃれタイムが、奇跡を起こした。

風前の灯だったこのチーム、麹町ヒーローズは再建開始から2年半が経った２０２４年の夏、なんと都大会で優勝したのである。１名だった部員は60名になり、圧倒的な強さで、この夏を駆け抜けた。

もちろん、指導者や保護者による、そのほかの思いや努力もたくさんあったと思う。子どもたちの豊かな感性と、たくましくも瑞々しい生きる力と、圧倒的な努力！　けど、その思いや力を疲弊させず、ヒーローズ・ロードに導いたのは、やっぱり木村さんが思い描いた「楽しい野球」、じゃれタイムだったと思う。

無駄話が脳にとって、どれだけ大事か、わかっていただけたと思う。何度も言うけど、くだらないほどいいのである。

一方で、日本の教室からは、無駄話が消えようとしている（いや、ほぼ消えたと言っていいかも)。休み時間は静かに。チャイムが鳴る前に着席して、静まった教室で教師を迎えるのは今や当たり前の規則、チャイ着というのだそうだ。「黙動」ということばも使われている(コロナ禍の黙食のついで?)。廊下を移動中に沈黙するのは当たり前、一言もしゃべらずに掃除をする規則の学校もある。コロナ禍に、消毒しすぎて皮膚炎になった子どもが多発したように、無駄話も〝消毒〟しすぎれば、子どもたちの害になる。

行政やNPOが運営している、子どもの電話相談では、毎日のように電話してきて、なんでもない自分の日常の出来事をつらつらと話すだけの子どもがいるという。相談員は余計なアドバイスをしたりせずに聞いてやるだけなのに、それだけで、やがて、自ら立ち直っていく子どもが多いのだという。

振り返ってみれば、それだけ、今の子どもたちが無駄話に飢えているのだということではないだろうか。教室や廊下での無駄話が許されず、放課後に学校に留まることも許されない。共働きが増え、親と子の無駄話も減っている。

ＡＩ時代に、人間の役割は、勘と想像力を働かすことに集約してきた。ＡＩに何をさせるか、ＡＩに何を語りかけるかが、仕事の成果に直結するようになったからだ。そんな時代に、無駄話をしないで育つなんて、もったいなさすぎる。家族でなんでもない話をしよう。

公園の桜が咲き始めた話、駅前のアーケードがハロウィン一色だった話、食べようと思ったのに、食べ損ねたランチメニューの話、転びそうになった話、今朝夢を見たのに内容は忘れちゃったなんて話、なんでもかんでも。子どもが受け流しても気にしないで。やがて、向こうも話してくれるようになる。

そして、なにより大事なのは、相手が言ったことを、どんなにくだらなくても、ふざけんなと思っても、第一声はかならず共感で受けること。「たいへんだったんだ～」に「世の中には、もっとたいへんな人がいるんだからね」なんて返したら、子どもは、二度と無邪気に頭に浮かんだことを言ってくれなくなる。どうしても共感できない話なら、「そうか、そうなんだ。そんなこともあるんだね」と受けてやればいい。

というわけで、ある日、子どもが、体調が悪いわけじゃないのに「学校へ行きたくない」と言ったときも、「そうか、学校に行きたくないんだね。そんなことあるよね」と受けるのである。がっかりしたり、いきり立ったり、叱ったりしないで。

気持ちを受け止めてもらえただけで、脳のストレス信号が減衰して、学校に行ける子もいる。たとえ休んだとしても、気持ちを受け止めてもらった子は、休んだことが心の枷にならないので、次の日、何事もなかったように行けたりもする。

日ごろなんでもない話をしている家庭では、「あってはいけない気持ち」もするりと言える。それを受け止めてもらえると、子どもたちの脳は、自分の存在をまるごと認めてもらっていること（いい子じゃなくても、愛してもらえること）を知り、深い安心と自尊心を得る。

いい子になるように子どもたちを導くだけが、子育てじゃない。親は、存在をまるごと受け入れる、心のシェルターであることを知らせよう。その第一歩が、なんでもない話ができる関係になることである。

4. 冒険に送りだす

男性と女性の脳には、機能差はない。

脳の神経信号を配線と見立てて精査していくと、男性にしかない配線、女性にしかない配線はないのである。どちらも同じ配線構造をしている完全体。意図的にすることにおいて、機能的な遜色は、互いに全くない。

ただ、身体の構造が違い、生殖の役割が違うので、「とっさに身を守る際」に使う神経回路が違う。ふと不安を感じて、周囲を確認するとき、男性は、空間全体を眺めて、注目すべき点（近づいてくるもの、危険と思しきもの、獲物）を素早く見つけ出して注視し、距離感やスピード感をつかんで、反射的に動こうとする。女性は、近くを万遍なく感じ取り、わずかな変化点も見逃さない。皮膚感まで使って、わずかな空気の揺らぎも感じ取るので、添い寝している赤ちゃんの寝息が一瞬止まっただけでも目覚めるし、話し相手の息遣いが少し変わっただけで「この人、なにかある」とか「私、なにか、変なこと言ったかな」と思いつくのである。

特に、子育て中の母たちは、「近くを万遍なく」を強く優先して使っていることが多い。子育てに必須のセンスだからね。このため、母から見た息子たち（一部の娘もそう）は、なんとも理解しがたい。

というわけで、この４つめの掟は、とっさの脳の使い方が「遠くの動くものを追いかけていく」タイプの子どもを持った母たちのための子育てポイントである。多くの息子たちと、理系やアートの才能を発揮していく娘たちが、これに当たる。わかりやすくするために、「遠くの動くものを追いかけていく脳の持ち主」を「男の子」としたけれど、あてはまる女子も結構いると思う。このタイプの脳は、必ずや冒険の旅に出ていくので、その覚悟も含めて、どうぞ、参考にしてください。

男の子はせつない

男の子の赤ちゃんは、なんていうか、せつないのである。不安定な感じがして、母がいなければ生きていけない感じが半端ない。

女の子ももちろんかわいいが、女の子は、赤ちゃんのころから肝が据わった感じがする。人間としての完成度が高いのである。

男子が不安定な感じがするのは、実は、脳のせい。生まれつき、距離感を測る能力に長けているため、目線の運び方が、女子とは違うのである。

男の子は生まれつき、近くと遠くを交互に見る癖があって、集中力に欠けているように見える。ぼんやりしていたかと思うといきなり動くし、同じ失敗を何度も繰り返す。世の中にうまく添えない感じがして、母性愛を掻き立てられる。

遠くを見る癖は、いつか自分の手を離れて、世界の果てまで行ってしまうような感覚を母親にもたらすので、いっそうせつなく愛おしいのかもしれない。

けれど、その直感は正しい。男子は冒険の旅に出るために、距離感を測る能力を持って生まれてくるのである。

男の母たる者は、自分にないその能力を理解し、伸ばし、冒険の旅に送りだしてやらなければならない。どの男の母も、英雄の脳を育てているのである。

男性脳と女性脳の違い

男性脳は、女性脳に比べて、右脳と左脳の連携する神経繊維の束（脳梁《のうりょう》）が生まれつき細い。このため、右脳（感じる領域）と左脳（顕在意識と直結してことばを紡ぐ領域）が、女性脳ほど頻繁に連携しないのである。

逆に言えば、女性脳は右左脳連携がよく、周囲をつぶさに観察して針の先ほどの変化も見逃さず、自分の体調変化や気持ちの変化をしっかりと把握している。だから、前にも書いたように、女の子は4歳で、一人前の女と同じ観察力を持つのである。

一方、男性脳は、電気信号を右左脳の連携（横方向）に使わない分、縦方向に深く使う。縦方向の信号は空間認知を担当していて、遠くのものにも照準が合いやすいのである。このため、ものの距離感や位置関係をつかむのが得意だ。

おとなの男性脳だってそう。夫は、妻の髪形が変わってもわからないし、嫌な顔をしてもいっこうに気づかない。家事に対する観察力が足りないので、「言わなくても、わかるでしょ」ということがわからず、気が利かないこと、はなはだしい。けれど、世界経済などのうんちくを語ったり、複雑な図面を読んだり組み立てたり、縦列駐車をしたりするのは得意でしょう？

遠くは見えるが、近くが見えない。世界は見えるが、目の前の大切なひとに共感してあげられない。脳は、何かが得意なら、何かが不得意なのである。

男の子も、父親同様、目の前の人の表情を見逃すので、笑いかけても反応がいまいちのこともある。あやしても女の子みたいには張り合いがないなんて、感じるかも。

でも、ゆるしてあげて（ついでに夫も）。そんな子ほど、将来理系科目が得意になったりするのだから。

男の子が働く車が好きな理由

というわけで、まとめ。

男の子は、動くものや遠くにあるものに意識が行きやすい。これは、生まれつき得意な距離感を測る能力を使って、ものの距離感を探って遊んでいるからだ。また、ものの奥行きが測れるため、構造を見抜く能力に長けている。

男の子は、電車やミニカーが大好きだ。

ああいう、角や面があって光沢のある素材のものは、遠くから見ても、構造がわかる。男の子の脳は、少し離れたところにあるおもちゃを見て、そこまでの距離感を測り、構造を想像し、実際に行って手に取って確かめて遊んでいるのである。だから、「構造」を持ち、それが一目見てわかる電車や車が大好き。特に、特殊な機能をかたちにした「働く車」に、うんと脳を刺激される。

したがって、男の子を遊ばせるときは、部屋中におもちゃが散乱していることが望ましい。おもちゃを取ってあげたり、「3個目だすなら、1個目しまおうね」なんていうような始末のいい母親は、今すぐ心を入れ替えよう。

〝散らかし放題〟が、男子の最高の英才教育である。部屋が散らかっているのを、人にとやかく言われても、「息子を天才にするため」と微笑んでおけばいい。

基地、工房、聖地

4歳を超えたら、「ずっとキープする遊び空間」を与えてやりたい。何か月もかけて、ブロックや積み木を〝作っては壊し〟できる「工房」と呼んでもいい空間である。

我が家の息子は一人っ子なのだが、二段ベッドを与えて、その下の段を彼の「ブロック工房」にした。保育園の親友と夢中になって仮想の宇宙基地を作り、とうとう上の段まで使いだし、最後は部屋中に及んだ。寝る場所がなくなって、私の布団で寝ていたっけ。

先日、テレビを観ていたら、大人顔負けの開発をしている発明少年の母親が同じことを言っていた。発想力を育てたのは、「片付けないでいい部屋」だと。そのお宅では、10畳くらいの空間が、彼のブロック工房になっていた。本人は、「作っては壊す、作っては壊すを繰り返すうちに、いろんなことが閃くようになった」と言っていた。

一畳でもいいから、「他人が触らない場所」があると、男の子の空間認知力はぐんとあがる。情緒も安定し、集中力もついてくる。

特に姉がいる弟の場合は、姉にかまい倒されてしまうことがあるので（彼女はよかれと思ってしてくれているのだが）、「この中にあるおもちゃは、お姉ちゃんたちは触らない」聖地があるといい。聖地の確保は、4歳を待たず、はいはいし始めたころから。最初は畳半分の広さでもかまわない。

母親は、座標原点である

距離感を測りながら育つ男性脳は、脳の中に羅針盤のようなものを持っている。羅針盤の針が、常に北極を指すように、男子の脳にも極座標原点がある。その原点との距離を常に測りながら、彼らは荒野を走り回る。

最初の、そして一生の原点が、「母」なのである。

「関東平野走ってるときに、頭飛び越えて、北海道に出張するの、やめてもらえない？」と不満顔をしたのは、19歳のときの息子である。

その年、息子は受験生で、私は、彼の脳を安定させるために、「家にいる母」のふりをしていた。つまり、朝「いってらっしゃい」と送りだし、夕方「おかえりなさい」と迎える。変わらぬ声のトーンと、変わらぬカジュアル服で。こうしておくと、彼の脳の中では「家にいる母」が常に原点となって、脳の羅針盤が安定する。そうすれば、数学や物理学の問題を解きやすくなる。脳科学上は、明らかにそのはずだったからだ。

息子が受験生だった2年間、私は、遠地の仕事でも、「いってらっしゃい」と「おかえりなさい」の間に収まるようにしていた。とはいえ、日本の交通網はとても優秀で、北海道や九州でも、空港から近い主要都市なら、けっこう帰ってこられたのだった。

そんなある日、息子がバイクで、少し遠出した日のこと。その朝、「いってらっしゃい」と送りだした私は、その後、スーツに着替えて札幌に出張。夕方には戻ってきて、息子を「おかえりなさい」と迎えた。何ら問題がないと思っていたのだが、息子が不満を表明したのは、15時ごろに私がうっかり送った「今、北海道の新千歳空港。豪華海鮮弁当を買ったよ。お楽しみに」というメールだった。

――バイクで遠出をするときは、家を座標原点にして、そこからの概念距離を脳の中で常に測っているんだよ。その象徴が、ハハとにゃあ（愛猫）なわけ。ふたりが家でごろごろしている姿を想像しながら、「ああ、遠くまで来たなぁ」とか、距離感を確かめているんだ。それが、いきなり北海道!?　やめてよ～、混乱するだろうよ。そこから道に迷って、散々だった。

「え、なに？　あなたの脳には、概念空間の座標原点があるわけ!?」と驚いたら、「何を今さら。男性脳の研究してるんでしょ」と一蹴されてしまった。確かにそう。確かにそうなんだけど、あらためて男性脳の持ち主から、具体的な実感としてそれを聞かされると、深く感動してしまった。

男は、帰るところがあるから、世界の果てまで行けるんだ。船乗りは、港があるから荒海に出られる。バイク乗りは、家があるから荒野に出られるのさ。

そんなセリフ、息子に言われなくても、いくらだって聞いたことがある。けど、本当は、もっと心の問題かと思っていた。あるいは、女たちへの優しい言い訳とか。

でも、違った。脳の明確な機能として、男性脳には、概念空間を描き、その座標原点を定める癖があるのである。

人生最初の冒険

昔、幼かった息子を公園で遊ばせていたとき、同じような年頃の男児を抱えるお母さんから、「おたくの坊やはいいですね、元気に走り回って。うちの子、私から、ぜんぜん離れてくれなくて」と声をかけられたことがあった。

実は、私は、その数分前から、その親子に気付いていた。母親は、息子を遠ざけようと必死なのに、彼のほうは、少し離れても、すぐに母親のもとに駆け寄ってしまう。

理由は明白である。母親が、無駄に動くからだ。息子が手を離したすきに、すっと後ろに下がる。自分から離れてほしいからだろう。顔の表情も不安そうにゆらいでいる。

「お母さんは、動かないで。表情も、ゆったりと微笑んだまま、変えないでね」と私はアドバイスした。「男の子は、母親を原点にして、そこからの距離を測りながら、世界を広げていくの。原点がふらふらしたら、距離感が狂って、不安で動けないわ」

少し時間がかかったが、穏やかに立つ母から少しずつ離れて、坊やは、ちゃんと走り回れるようになった。

公園で、母の手を離れるその瞬間。

幼い脳にとっては、世界へ乗り出していくのと変わらない。人生最初の冒険なのだ。母は、穏やかな表情で、すっくとそこに立ち、揺るがぬ原点になってあげてほしい。

甘やかして何が悪い

甘やかしたら、自立できない子になる、と言う人が多いのだが、本当だろうか。

男性脳の構造上、原点である母親は穏やかにして優しい存在であるほうが、男性脳は安定する。思いっきり甘やかした方が、躊躇なく冒険の旅に出られるはずだ。

そもそも、庇護者から離れて、自分の天地を探し出したいという本能は、「遠くに意識が行く」男性脳に生まれつき備わっているものだ。ここに、思春期から分泌する男性ホルモン・テストステロンの闘争心効果が加わって、彼らは荒野や荒海に乗り出していかずにはいられない。別に親が厳しいから、男子の自立心、冒険心が掻き立てられるわけじゃない。安定したよりどころがないと、逆に不安を残し、好奇心の赴くままに走り出すことがかなわなくなってしまう可能性もある。公園で幼い息子を突き放そうとした母と同じ結果になってしまうわけだ。

というわけで、私は、思いっきり息子を甘やかした。基本、彼が望むことにNOとは言わない。たとえ実現できなくても、気持ちだけは汲んでやる。高校生になっても、靴下をはかせてやるくらいの甘やかし方だった。

息子が家を出た日

存分に甘やかし、蜜月のようなラブラブの18年を過ごしたあげく、息子は、あっさりと自立した。

大学は、家からバイクで2時間の距離にあり、1年生の一学期はバイクで通学していたのだが、さすがに6月の雨と7月の日差しには疲れ果てていた。こりゃ下宿しなければ無理だねということになり、家族3人で物件を探しだし、「今週末に引っ越しね」なんて言っていた火曜日。いきなり「明日から、下宿で暮らすね」と言いだしたのだ。

私は、不意をくらって動揺し、めまいがして椅子にへたり込んでしまった。

彼は家を出ていくのだ。

彼は、ただ下宿に泊りに行くつもりかもしれないが、それは違う。彼は、きっと就職しても家に帰らない。やがて妻と共に新しい家庭を作るのだ。これは巣立ち。もう二度と、私と息子と夫、という、ほんわかした3色パンみたいな暮らしは戻らない。

それは、私が家を出たときと同じ風景だった。栃木の実家から、奈良の大学へ入った私は、ただ、奈良に長く泊りに行くだけだと思っていた。しかし、19歳の旅立ちは、後から考えると、巣立ちに他ならなかった。もう二度と実家に腰を落ち着けることはなく、そこは私の家ではなくなった。父はそれを知っていたのだと思う。旅立ちの前夜、静かに、島崎藤村の「惜別の唄」を歌ってくれた。

私は、「でも、まだ何も準備できてないよ」と、食い下がってみた。水曜日が土曜日になったからといって、たいして変わらないのに。「いや、寝袋とタオルと石鹸さえあれば、人は暮らせる」と息子は笑った。

翌朝、息子は本当に、寝袋に石鹸とタオルと、歯ブラシとTシャツとパンツをくるりと巻いて、バイクの後ろに積んで出て行ってしまった。

週末、様子を見に行ったら、石鹸で、髪も身体も食器も洗って、清潔に暮らしていた。もちろん、後に布団やその他の家財道具も取り揃えたが、なにせシンプルなのが彼の暮らし方。料理は、ちょっとしたビストロのシェフ並みに得意なので、鋳鉄のフライパンや行平鍋を要領よく揃えて、完全自炊していた。

鮮やかな、巣立ちである。

甘やかした方が男性脳は冒険の旅に出やすい、と予測した私。とはいえ、仮に甘やかしたあげく、親離れしないのなら、それもいいなぁと密かに思っていた息子ラブの私だったが、脳科学上の見地の方が正しかった。嬉しいような寂しいような、誇らしいような悔しいような、なんとも複雑な気持ちである。

もしも、神様が願いを叶えてくれると言ったなら、私は、もう一度、4歳の彼と、せめて3日間暮らしたい。胸が苦しくなるほどに、愛おしい、あの暮らし……。

この本を読んでくださっている方は、その愛おしい時間の真ん中にいるのだろうか。私は、羨ましくてたまらない。どうかどうか、大切にしてほしい。

質問を喜ぶ

冒険心と共に、荒野へ出ていく男を支えるのは探究心である。息子の探究心を奪わないために、私が心がけたことがある。

それは、質問を喜び、大切にする、ということ。

実はこれ、娘でも同じこと。子どもたちの脳は、生まれ落ちたその日から、たゆまぬ探究心で、この世のありようを知っていく。探究心がなければ、ことばを獲得できないし、二足歩行をマスターすることもかなわない。

その溢れる探究心を減衰させなければ、新発見をして世界を驚かす研究者になったり、新発想をして世界をわくわくさせる事業家になったりする。

探究心を萎えさせる最初の関門が、前節で述べた「2歳の実験」を封じられること。次に、4歳くらいから多発してくる、無邪気な質問を封じられることである。

「人は、なぜ嘘をついちゃいけないの？」「虹はなぜ7色なの？」「星はなぜ、落ちてこないの？」

子どもは、答えに窮する質問ばかりしてくる。哲学的、宇宙論的に興味深い質問も多いけれど、日々の暮らしに忙しい身は、なかなか対応してやれない。

けれど、ここが肝心なところ。人生最初の質問期に、質問を疎んじられると、脳は質問力を失ってしまう。

質問力は、テーマを見つけ出す力だ。するべきことを自分で探し、時には新発見する力である。新しい分野を開拓したり、新天地で生きていくために不可欠な力だ。

男の母たる者（21世紀を生きぬく女の母たる者も）、けっして質問を疎んじてはいけない。

質問返しの術

とはいえ、そうそう相手をしてやれないことも多い。

そんなとき、まずは、質問を喜ぼう。「えー、よく気がついたね、ほんっと不思議だねぇ〜」と、質問に共感して、ときには、その着眼点の良さを褒めてやることだ。

さらに、自分で答えられないときは、「あなたは、どう思う?」と聞いてみよう。ときに、めちゃくちゃ素敵な答えをくれることがある。

もしも「わかんない」と言われたら、「ママもわからない。いつか、あなたが、その答えを知ったら、教えてちょうだいね」とお願いする。

我が家の息子は、大学生になってから、幼い日のなぞ解きを、ちゃんと私に教えてくれたりした。「いつだったか、教えてほしいって言ってたよね」と。20年近くにも及ぶ長い対話である。

もちろん、時間があったら、二人で推論し合っても、なかなか面白い。子どものシンプルな観察力は、ときに哲学的で、バラエティ番組なんかより、ずっとエキサイティングなこともある。

ちなみに、息子の「虹はなぜ7色なの?」に、「あなたはどう思う?」と質問返しをしたら、「おいらはね、神様に7つのものの見方があると思うんだ〜。だから、7色」。

これはなかなか興味深い発言だった。

虹は、光のプリズムなので、6色にも8色にも見ることができる。しかし、地球上のほとんどの民族が、自然に7色に見るのである。

私たちの脳には、目の前の事象を把握するときに使う、超短期記憶の場所がある。人類のほとんどは、この場所の数が7個なので、虹は7色に見えるのである。脳が見る「7つ」なのだ。聖書にも「知恵の女神は、7本の柱を切り出し、その宮殿を建て」と始まる章がある(旧約聖書箴言9章冒頭。欽定英訳聖書では、Wisdom hath builded her house, she hath hewn out her seven pillars: と表現されている部分)。

息子の言い分は、なんとも味わい深いものだった。

子どもの質問力を楽しもう。思わぬ宝ことばに会えることがある。

物理法則の発見

さて、質問力を楽しんでいるうちに、我が家の息子は、浮力を発見した。小学校2年生だったと思う。

ある日、お風呂から「ママ」と呼ぶ声がするので駆けつけると、こう言った。「おならってさぁ、軽いから浮かぶわけだけど、水にもおならを持ち上げる力があるって考えてもいいよね」

「ゆうさん」と私は厳かに言った。「それが浮力よ。あなたは、素晴らしい発見をしたわね。2400年前に生まれていたら、あなたの名は、歴史に残ったのに」

別の日には、表面張力を発見した。「ママ、お風呂の水って、手のひらを乗せると、ぺたぺたする。これってさぁ、水には、一塊になろうとする力があるってことだよね」

それは、まさに表面張力の原理なのだった。その昔、古典物理学の天才たちが発見したことを、息子は、誰にも教わらず、自分で発見した。

それで世界が何ら変わるわけじゃないけれど、私は、物理学が生まれた瞬間を目撃したような気がして、どきどきしてしまった。

あ～、人間の脳って、本当に面白い。物理学の法則を発見するような人工知能なんて、そうやすやすと作れるわけがない。教えもしないのに、自発的に、背中を這い上がるおならの泡を愛おしがったり、手のひらでお風呂のお湯を撫でてみようとするAIなんて、どうやって作ったらいいのか想像もつかないもの。観察対象を愛でる気持ちが、ものの見方を反転させた。反転の構造はAIに与えられても、愛でる気持ちは教えてやれない。

私は、最先端の科学（宇宙論や人工知能）に出会ったけど、この世のどんな謎解きなんかより、ひとつの命に寄り添えたことのほうが、ずっとずっとエキサイティングだった。私の人生で、もっとも誇らしいのは、母であることだ。仕事のどんな成果も、たとえノーベル賞をあげると言われても、母であることの輝きには代えられやしない。生まれてきてくれて、ほんとうにありがとうね。

発見の構造

さて、浮力を発見する1年ほど前のことである。

夫が出勤し、息子も学校へ出かけた朝の9時ごろのこと。誰もいない我が家なのに、風呂場から「ずごご」という音が聞こえてきた。バスタブに、ぬれた肌で寄りかかって滑ったような、そんな音。バスタブでジュゴンが身体の向きを変えたみたいな。

「マンションのお風呂場に、近所の人が飼っていたワニが闖入した」というニュースを思い出し、ぞっとして、おそるおそる覗いたら、なんと1時間前に学校に行ったはずの息子が残り湯に浮かんでいた。

「それがさぁ」とくったくなく私を見上げる息子。「学校に行く途中に大きな水たまりがあって、葉っぱが浮いてたからさぁ、いろいろ浮かべてみたの。消しゴムは沈んじゃった。でね、自分が水に浮かぶのか気になっちゃって」

気になっちゃって、って……(絶句)。

おそらく、あの日から、彼の脳の中に、浮力はテーマとしてあったのだろう。教科書で覚えればたった10分ですむ浮力の理解に、我が家の息子は1年をかけた。その成果から言えば無駄な時間をかけたものだが、そのおかげで、彼の脳の中には「発見の構造」が作られた。この神経回路は、のちに彼に、新しいメカニズムや、新しいビジネスモデルを発想させてくれるに違いない。

男が乗りだす荒野は、文字どおりの荒野だけじゃない。仕事や科学技術や経済や政治の〝荒野〟が彼を待っている。その荒野で、新しい枠組みを拓く「発見の構造」。獲得に時間がかかるが、脳には「時間」だけしか作れないものもある。男の子は、放っておいてやることだ。

落ちこぼれは、大物の兆し

発見力のある子なのだが、息子は、小中高を通して、ぜんぜん優等生じゃなかった。まず、左利きなので、字を書くのにもたついた。

左利きの人は、右脳を優位に動かす脳の持ち主だ。脳は、左右二つに分かれていて、人によって、生まれつき優先的に使う脳が決まっている。右脳は左半身に、左脳は右半身につながっている。多くの人が、左脳優位で右利きなのだが、中には、右脳優位で左利きの子がいる。

このため、左利きの子を右利きに矯正すると、優位な脳を使うのを封じられる。劣位な脳でことを成さなくてはならないので、本来の能力を発揮できない。「生活の便利さ」のために、才能を封じられるわけだ。

脳の優位半球は、言語機能に大きく寄与しているため、厳しい矯正を行うと吃音障害がでることもあり、私は、無理な利き手矯正は勧めない。

ただ、本来左利きなのに、右手を利き手として成長すると、右左脳連携がよくなり、「イメージをかたちにする才能」に長けることもある。デザイナーやアーティストに向く脳だ。

生まれは左利きなのに、本人の自覚や親の気づきのないまま、自然に周囲の真似をして右利きとして育ったケースも多くあり、実際にデザイナーに多く見られる。まぁ、なので、既に矯正してしまったという親御さんも、そう落ちこむことはない。いずれにせよ、脳は、新たな才能を拓く。

息子は、右手に持たせたおもちゃもすべて左手に持ちかえる真正左利きだった。私は、なにより、息子の左利きを、私は喜んでいた。矯正はいっさいしなかった。
彼の優位脳を存分に使わせるために、矯正はいっさいしなかった。

なにより、息子の左利きを、私は喜んでいた。左利きの天才は多い。アインシュタイン、レオナルド・ダ・ヴィンチ、ピカソ、モーツァルト、20世紀最高の政治家と言われたウィンストン・チャーチル、ビル・ゲイツ、バレンティーノ・ロッシ……。息子を産んだ当時、私が仕事で通っていた数学の研究所では、ほとんどの博士が左利き。あるとき、食堂で、何となく違和感があって、よくよく観察したら、私以外は全員左利きだったことがあったくらいだ。矯正？　天才の条件＝左利きを矯正するなんて、とんでもない、っていう感じ。

しかし、左利きは、初等教育では何かと不利だ。先生が黒板に書く字を、脳の中で鏡映反転させて、自分の神経系に射影しなきゃいけないから、他の子より脳の作業が多いのである。対面で、知らない折り紙を教わるようなものだ。このため、先生から見ると、字を書くのにもたつくし、しかも丁寧に字を書かないから、ちょっとイラつく子どもなのに違いない。

小学校の先生に、「字は丁寧に書きましょう」と何度も注意されたので、私は「先生、それは無理です。左利きの子の脳の中では、先生の所作を鏡に映したように反転させて、自分の神経系に定着させる時間がいる。今は、丁寧に書く時間がないので、見逃してやってください。そのうち、慣れてきたら、丁寧に書くと思います。本来は、何をするにも丁寧な子なので」とお願いした。

左利きの子を持ったら、誇りを持って育てよう。小学校のうちは「字を丁寧に書かない」とか「返事が遅い」とか叱られるが、気にすることはない。多くの天才が、幼少期は「鈍くて、育ちが遅いかも」と思われていたのである。アインシュタインなんか、5歳までしゃべらず、高校生になっても先生が言うことをうまく理解できなかったと言われている。チャーチルが母校の歴史に残るほどの落ちこぼれだったのも有名な話。

左利きかどうかに限らず、大物の脳には、大物の育ち方がある。鈍いのには、鈍いなりの理由があり、鈍いからこそ大物に育つという利点がある。大器晩成は、脳科学上も真実なのだ。

大物(とおぼしき脳)をお育てのお母さま方、隣の「はしっこい優等生」に劣等感なんか抱かず、ど～んと構えていてください。

ちなみに、先述のとおり我が家の息子も、小学校では「くろちゃん見てると、癒されるわ〜。こんなんでも生きてていいのかと思えて」と言われたアンチ優等生ぶりだったが、中学校では一部の先生に「彼は面白い。ものの見方が普通と違う」と言われて可愛がられるようになり、大学では物理学徒となって最先端の研究に携わった。大学院卒業後、かねて希望していた自動車設計製造の会社に入るくらいまでにはなった。

理系男子は、ゆっくり育つ脳タイプが圧倒的。「できの悪い小学生」だからといって、あきらめないで。そして、目の前の成績のためになんか、追い立てたりしないで。

アインシュタインの母親は、どんなに学校の評価が低くても、息子をかばい自信を与え続けたという。反対に、チャーチルは、当時のイギリスの貴族階級の習慣に従い、母親ではなく乳母に育てられた。社交に明け暮れる母親とは、一日一回の謁見をゆるされるのみ。しかも自由に話しかけることはできなかったそうだ。

信じきるか、いっそ無関心か（ただし乳母の手厚い保護あり）。正反対のようだが、この二つには共通点がある。息子たちには、好きなことをする時間が山ほどあった。

おとなの男に必要なことを教えよう

座標原点になってやり、探究心を萎えさせず、テストステロンが分泌すれば、男の子は、やがて、彼自身の〝荒野〟へと旅立っていく。

その前に、男の仕上げをしてあげたい。

まずは、エスコート術である。

女性と一緒にレストランや劇場で席に着くとき、けっして女性より先に座ってはいけない。女性たちが全員無事に席に着いたのを確認してから、席に着くのである。

なぜか、「全員の無事を確信して、最後に椅子に座ったもの」が、その場の精神的な支配者になる。やってみれば、わかる。

息子が小学校2年生のとき、2週間ほどの海外出張に息子を伴って出かけたことがあった。クロアチアのドブロブニクの古城で、当時、私がプロデュースしていた音楽家のコンサートがあったので。

そこで、私たちが見たのは、4歳児でも母や祖母をエスコートしてみせる男の子たちの姿だった。レストランや劇場で、まず祖母が座ったのを確認し、母が座ったのを確認してから自分が座る。椅子を引くわけじゃない。そんなことは給仕がするし、カジュアルなレストランなら、女性たちは自分で座る。ただ、美しく立ちながら、優しく見守っているのだ。

それが、どんなにカッコよかったか。息子の目にもそう映ったのだろう。私は何も言わなかったけれど、彼はそれを踏襲するようになった。日本に帰ってきても、今もずっと。

エスコートを教えるのは母親の役目

エスコートの基本は、見守りだ。

おとなの男たちは、女性が裾の長いドレスを着ているときは、車から降りる足元を見守り、階段の上りはじめや、降りはじめの足元を見守る。

基本は、見守るだけ。けれど、見守っている以上、女性がドレスの裾を踏みそうになったり、段差につまずきそうになったときには、瞬時に気づき、自然にすっと手を差し伸べてくれる。それも、手を出すのではなく、肘から先を差し出すのだ。女性は、手すりにつかまるように、安定してつかまることができる。

その動作をスムーズにするために、階段の場合は、男は必ず、低い方にいる。つまり、上がるときは女性の後ろから、降りるときは女性より先に。エレベータに乗るときも、ボタンを押して、女性たちが無事に乗り降りするのを見守る。

また、ヨーロッパの男性たちは、絶対に、女性の前を横切ったりしない。すれ違いそうになったら、必ず、女性を先に行かせる。飛行機から降りるときに、女性なら、「降りようとしても、後ろからくる男性が道を譲ってくれずに、通路に出られない」なんて目にはけっしてあわない。

以上ができたら、「上質の家庭で育った証拠」。なぜなら、これらのマナーは、幼いうちに母親から学ぶもので、他人に教えてもらうものじゃないからだ。母親の義務である。海外に仕事で出かけて、こういうマナーの欠如があったら、能力が低く見積もられる。ぜひ、独り立ちする前の男子に教えてあげてほしい。

日本でも、男の「見守り」は、女性たちの好感度がとても高い。間違いなくモテる。

なお、日本でよくある、窓際と通路側に席のある、二人がけのテーブル。あれは、特別に理由がない限り、窓側の席に女性を座らせる。通路側に座ると、給仕する人にぶつかって、料理が服や肌に触れる可能性がゼロじゃない。大切に思うなら、自然に窓側に座らせることになるのだが、若い男の子の中には気づかない子もいて、密かに女の子の不興をかっている。初デートに、このタイプの席に座る可能性はとても高いので、教えておくといいかも。まぁ、いずれにせよ、16歳になったら、母親と、ちゃんとデートすることである。エスコートの練習に。

国歌を聴くなら、脱帽し、起立せよ

もう一つ、息子を海外に送りだすのなら、教えておかなきゃいけないことがある。

もしも、海外で、その国の国歌を演奏してもらうことになったら、帽子を取って、起立せよ、である。

海外で、日本特有の音楽を所望されたとき、私がプロデュースしていた音楽家は、君が代を演奏した。雅楽の旋律をわかりやすくコンパクトにまとめた君が代は、荘厳でミステリアス。外国の人にもとても評判が高い。

そのとき私がひやりとしたのは、椅子に座ってくつろいで音楽を聴いていた人々が、「私たちの国歌を演奏します」と言ったとたんに、起立して、片手を胸に当ててくれたことだ。国歌は、国の誇りと魂の歌なので、敬意を表さないわけにはいかない、と言う。

ひやりとした理由は、私たち日本人が、国歌を演奏する外国人の音楽家に、この敬意をはらえていないに違いないと思ったから。戦後、日本の学校では、日の丸や君が代を敬うことを教えなくなった。卒業式で、君が代斉唱を拒否する教師もいるという。

君が代の是非をここで論じるつもりはないが、国歌や国旗に対する敬意の表し方を知らずに海外に出るのは、あまりにも恥知らずだし、国によっては危険でさえある。学校も社会も教えてくれない以上、母親が教えるしかない。どうぞ、忘れないで。

母の卒業

男の子が、母の手を離れて、世間の風に触れる、最初の日。男の子の母には、後の人生で何度も思い出す〝あの日〟がある。

人によっては、越境通学の遠い道のりに、初めて一人で送り出した朝かもしれない。初めての合宿、初めての一人旅、初めてのおつかい……ことの大小は関係ない。幼い息子の背中に〝男〟を見る瞬間である。

私のそれは、息子が15歳のとき。１００㎞の自転車の旅に出た朝である。

高校受験を終えた息子が、私の栃木の実家まで、自転車で行ってみたいと言いだした。反対する理由もないので、前向きに受け止めた。こういうことに抜かりのない息子（なのになぜ、受験には抜かりばかり？）は、自転車を整備し、筋トレをし、何をもっていくかを周到に練ったあげく、その日はやってきた。

出発の朝、私は夢を見た。息子の脚が、ダンプカーの後輪に巻き込まれる夢だった。彼が北上していく国道4号は、私の実家の町辺りではダンプカーが目立つ道路なので、そんな夢を見たのだと思う。

思わずあげた自分の声に目を覚ますと、外はまだ夜明け前で薄暗く、小雨が降っていた。

リビングに行ってみると、息子はもう着替えて、ストレッチなんかしている。私は、心臓が止まりそうになった。

平静を装って、「雨だよ。行くの?」と聞いたら、「自転車日和だよ。脱水症にならなくてすむ」と、息子はいたって穏やかだった。私は、喉元まで上がってきた「行かないで」ということばを、なんとか呑み込んだ。それを言ってはいけない、と、直感したからだ。優しいこの子は、私が「行かないで」と懇願したら、きっと止めてくれるに違いない。けれど、この旅立ちを止めてしまったら、息子はもう、冒険の旅に出ないかもしれない。母の心の痛みを思って。そのとき彼が失うものは、もしかすると脚よりも大きなものなのかもしれない。そう、私は思ったのだった。

男の母たるもの、ここは一世一代の正念場だと観念した。震える手を背中に回して、左手で右手をつかみ、笑顔で彼を見送った。息子は、私の肩を優しくぽんぽんと叩いて、家を出た。私は、玄関にへたり込んで、体育座りをして、声を上げて泣いてしまった。

大袈裟なようだけど、あの時の私は、息子を戦場へ送る母と同じ気持ちだったのである。

あの後、息子は、バイクの免許を取って、地球2周分も走っている。

冬の峠も越え、モトクロスのレースにも出る。脚一本じゃ済まされない危険といつも一緒にいるのだが、なぜか、あの15歳の旅立ちの朝のように震えることはない。あの朝、私は、きっと何かを乗り越えたのだと思う。

あのとき、私は覚悟を決めたのだ。息子はもう、私だけのものじゃない。息子は、息子自身のものであり、世界の一部なのだと。男とは、いのちを懸けて、何かを拓く性なのだもの、いつまでも私の翼の中に隠しておくことはできない。

春まだ浅い日の早朝、息子の中学校の卒業式の翌日に、私は「子どもの母」を卒業した。

母の祈り

その日から10年経った、この春、修士論文を提出したその晩、家に帰ってきた息子は、「明日からネパールに行ってくる」と言いだした。

ヒマラヤを観に行くのだと言う。ヒマラヤは高すぎて、観るためだけでも2000m級の山に登らなきゃいけない。その山道を、バイクで登るのだそうで。

息子は、インターネットでチケットを手配して、ヘルメットとスポーツバッグ一つをかかえ、翌朝5時半に家を出た。軽やかなもんである。インターネットでおそるおそる検索したら、バイク乗りたちが投稿したネパールの山道は、ぞっとするほど深い谷と共にあった。砂利道でところどころに水たまりがあり、当然ガードレールはない。水たまりにタイヤを取られて転倒したら、谷に向かってまっさかさまである。

しかし、空の青さは半端ない。その心にしみる青を見て、私は再び観念した。この風景は、彼の心象風景となって、生涯にわたって彼を照らすだろう。こりゃ、しょうがない。

こういう息子を持つと、母親にできることは、パスポートを更新して、何かあったときに駆けつけられるようにすることと、祈ることだけだ。

祈り……実は、科学的効果があるのである。

ヒトの脳は、遠隔地の脳と同調することがある、ということが確かめられている。以心伝心が起こるとき、40Hzの整数倍の周波数で、二つの脳の脳波が同調するのだという。『日本語人の脳』の著者、東京医科歯科大学の角田忠信先生の研究室では、ヒトの脳が40Hzの整数倍の情報に、特別な反応をすることがわかっていた。私も、実験に参加している。ただ、なぜ40Hzの整数倍に脳が反応するのかは、いくら考察してもわからなかった。しかし、東京大学の研究グループが、先の知見を発表し、その意味がわかったのである。脳は、パラボラアンテナのように指向性があるので、よく似た二人の脳では、この同調は起こりやすいはず。母と子や、双子の兄弟などでは、おそらく一般の人たちよりも同調が起こる頻度が高いに違いない。

だから、私は、息子がネパールに行っている間中、瞑想をして、穏やかな平常心を保ち続けた。彼の脳が落ち着いて、事故を起こさないでいられるように。案じたり、くよくよしたりはしない。そんな思念が届いて、彼の集中力にゆらぎを生じさせては危ないから。冒険に送りだしたら、男の母は、安寧に暮らさなければならない。安寧に暮らし、その脳波で、息子を守ってあげるのだ。

彼の人生の最初に、同じ生命体として10か月間、脈動や脳波を共有してきた母である。母の思念以上に、息子を守れるものはないはずだ。

というわけで、子育ての仕上げは、アンチエージングと長生きである。子が巣立った後も、いっそう美しくたくましく生きていこう。

2017年の、おわりに

2017年5月、フランスに、史上最年少の大統領が誕生した。39歳である。彼には、64歳の妻がいる。

エマニュエル・マクロンは、ハンサムなエリートで、演説のセンスもファッションセンスもきわめてハイセンス。その演説は「魅せ方をよく知っている。シネマのよう」とも言われている。妻ブリジットとのファッション・コーディネートも完璧。共に濃紺のスーツを着て、差し色に、エマニュエルが鮮やかなロイヤルブルーのセーターを、ブリジットが同色のスカーフを、といった具合だ。

ブリジット夫人は、夫より25歳年上である。高校の演劇の先生と生徒として出逢い、15歳のマクロンが、40歳の彼女に一目ぼれして愛を貫いた。日本ではそのロマンスばかりが話題になるが、実はこれ、もっと深い話なのだ。彼女が「演劇の先生」なのが、ミソなのである。

フランスの上流階級では、子どものために最初に雇うのが、詩と演劇の家庭教師だそうだ。そういう家庭で育たなかった場合でも、たとえば経営者になるときに、演劇の教師を呼んで「経営者らしい立ち居振る舞いと言葉づかい」を演劇メソッドとして学ぶのだという。

つまり、「演劇の先生」というのは、単なる部活の顧問なのではなく、エリートたちがエリートの階段を上るためのライフ・プロデューサーなのである。マクロンは、そういう女性に恋をしたのだ。もちろん、彼女の女性としてのチャームに惹かれたのだろうが、彼女の「エリートのありよう」を理解し尽くしたプロフェッショナリティにも陶酔したのに違いない。

東洋経済オンラインの記事に、こんなフランス人のコメントが載せられていた。

〝マクロンを大統領に導いた妻ブリジットの役割を「内助の功」という日本人もいるだろうけど、まったく違うね。選挙運動中の彼の表現――言葉遣いから立ち居振る舞いまで――のすべてを指導していた舞台監督だったのさ。100%彼は彼女のものなのさ。それを内助の功とは言わないだろう?〟

きっと、その通りなのだろう。当選が決まったその瞬間、新大統領は、「あなたなくして今の私はない」と妻を抱きしめた。

ブリジットは、15歳のエマニュエルの圧倒的な知性に惹かれた、と、インタビューで語っている。圧倒的な知性を持つ美しい青年と、彼をエリートにしたてる術《すべ》を知っているチャーミングなおとなの女性。二人の間の愛の磁力は、普通の男女のそれだけじゃない。彼女は、彫刻家が稀有な素材に出会ったときのように全身全霊をかけて彼に向かい、野心家の彼は「人生の最高のプロデューサーを得た」思いで、彼女にすべてをゆだねた。その絆が、恋の情熱も伴っていただけのこと。アムールの国、フランスだしね。

私の周囲には、ブリジットに刺激されて、「私も、頑張って、25歳年下の男子を惹きつける女性になるわ！」と言う女性もいるのだが、それは、少々お門違いだ。美しいとかかわいいとか、一般的な女性の特質をむやみに高めても、マクロン夫妻にはなりえない。ブリジットになりたければ、「人生を演出する術」を知っていなければ。目指すのであれば、まずは、そちらのプロフェッショナリティになるべきだろう。

ただし、日本では、その価値がわかる、美しい野心の持ち主である美青年が、どれくらいいるのかしら。特権階級をゆるしたくない庶民ばかりで構成された、映画「帝一の國」みたいに、エリート青年の野心がコミカル・ファンタジーにしかならないこの国で。

でも、がっかりすることはない。

私たちは、マクロン青年には出逢わなくても、自分の子に出逢った。人生のすべてを母にゆだねて、ここに降りてきた天使。エマニュエル・マクロン以上の純愛である。そう、この世のすべての母と子が、エマニュエルとブリジットのように、すべてを与え合って、ここにいる。

母である女は、ブリジットに憧れる必要もない。既にして、真実の愛を知る女なのだもの。

だからこそ、我が子の人生のプロデューサーにならなければならない。母の器が、子の器を決める。だから、母は怠惰ではいられないのだ。学び、思い、挑戦し、傷ついてまた立ち上がらなければならない。自分を選んでくれた無垢な魂のために。

母である人は、既にして、英雄なのである。

この本は、英雄三部作の最後の一冊として、ここに誕生した。

人生の荒波を機嫌よく越えるための脳科学、『英雄の書』。女も英雄になる時代を生きる女性たちのために書いた『女は覚悟を決めなさい』、そして、英雄の育て方を記した本書である。

『英雄の書』は、あまりにも直球のテーマと、媚びないタイトルが危惧されたのだが、ポプラ社営業局の二人の女性の力強い後押しで、この世に出ることになった。

英雄三部作の構想は、この一作目の営業戦略を立てるころからあり、『英雄の書』を推してくれた土橋恵さんの希望もあって、最後は「母たちに贈る英雄の育て方」でしめようということになった。本書に着手する2年前のことである。

この春、原稿に着手するためにお目にかかりに行ったら、土橋さんのお腹がふっくら。二人目の天使が降りてきたところだったのである。「私が、この世の誰よりも、この本を心待ちにしています」と、彼女はにっこり笑ってくれた。

この本の完成を狙ったかのように、彼女を選んで降りてきたベイビー。なんて、グッドタイミングなのかしら。いや、彼女(あるいは彼)は、そのことを知っていて、ちゃっかりここにきたのに違いない。その、まだ見ぬ小さな英雄のために、私は、最初の一文字を打ち始めた。

そして、私自身の息子は、この春、社会人としての第一歩を歩き始めた。

『英雄の書』を読んでくださっている方のために補足すると、この本の最後に、「この春、社会人になる息子のために書いた」と記したのだが、息子はその後大学院に進み、三部目の本書と共に社会に出ることになった。

したがって本書は、私にとっては、子育ての卒業証書、である。

私が最後にした「子育てタスク」は、「答辞」と毛筆で書いたこと。入社式で新入社員代表挨拶の栄誉を申し付かった息子は、その挨拶文を印刷して、「答辞」と書いた白い封筒に入れて持ってくるように言われた。左利きの彼の毛筆は味があってとてもいいのだけど、公の場所にはあまり似合わない(日本語の文字は、左手で書くと紙に筆が刺さるのである)。なので、私が〝私設秘書〟として、その代筆をした。

長く一緒に歩いてきた。夏休みの宿題も二人三脚。大学受験のための物理の難題も二人で解いた。その道のりも、これで最後。そう思いながら、一画一画、筆をおいて行った。書きあげた文字は、なんだかとても悲しげに見えた。

母業、完遂。思っていたほど寂しくなかった。清々しかった。
母業真っ最中のあなたに、この本を贈ります。
脳科学の知見のおかげで、私たちは、最高の親子になれた。
あなたも、どうか、子育て生活を謳歌して、人もうらやむ親子になってください。
子育てほど楽しい冒険は、この世にない。
汗と疲労とため息の日々の中に、それでも道を見つけよう。
母という英雄のいく道を。
母であるあなたを心から祝福し、心からのエールを贈ります。
本当は、いつも、あなたのそばにいてあげたい。それが叶うものならば。

2017年8月、ひとり息子の誕生日に

黒川伊保子《くろかわ・いほこ》

株式会社感性リサーチ代表取締役、人工知能研究者（専門領域：ブレイン・サイバネティクス）、感性アナリスト、随筆家。日本ネーミング協会理事、日本文藝家協会会員。

1959年、長野県生まれ、栃木県育ち。1983年奈良女子大学理学部物理学科卒。人工知能研究の立場から、脳を機能分析するシステムエンジニア。脳のとっさの動きを把握することで、人の気分を読み解くスペシャリスト（感性アナリスト）である。コンピュータメーカーにてAI開発に携わり、男女の感性の違いや、ことばの発音が脳にもたらす効果に気づき、コミュニケーション・サイエンスの新領域を拓く。2003年、株式会社感性リサーチを設立、脳科学の知見をマーケティングに活かすコンサルタントとして現在に至る。人間関係のイライラに解決策をもたらす著作も多く、『妻のトリセツ』などのトリセツシリーズは累計で100万部を超える。

ポプラ新書
271
子育てのトリセツ
母であることに、ときどき疲れるあなたへ
2025年3月10日　第1刷発行

著者
黒川伊保子
発行者
加藤裕樹
編集
碇 耕一
発行所
株式会社 ポプラ社
〒141-8210 東京都品川区西五反田 3-5-8 JR 目黒 MARC ビル 12 階
一般書ホームページ www.webasta.jp
ブックデザイン
鈴木成一デザイン室
印刷・製本
TOPPAN クロレ株式会社

N.D.C.379　255P　18cm　ISBN978-4-591-18564-3

P8201271